ゆるっとお金と暮らしを整える本

日経WOMAN

お金と暮らしを整えることで、「自分らしい生き方」が見えてきます

あなたは今、お金を幸せに使えていますか?

「こうありたい将来」に向かって、貯蓄を計画的に進められていますか?

一度しかない人生、誰もが幸せに生きる権利があり、お金はそのために欠かせないツールです。稼ぐことももちろん大切ですが、一番大事なのは、幸せに使うこと。たとえ収入が減っても、そのなかで自分が納得できるお金の使い方ができていれば、満足度の高い毎日を過ごすことができます。反対に、いくら収入が増えても、幸せにお金を使えなければ、どこか物足りない日々になってしまい、自信も持てないでしょう。

特に、2020年は新型コロナウイルスの影響もあり、多くの人の生活に収入不安が広がりました。長い人生のなかでは、いつまたこのようなことが起こるか分か

りません。そのようなときでも、自分らしく、満足できる人生を築いていくために、本書が提案したいのが、**「自分の価値観に沿った暮らし」を作ること。**具体的には、**自分らしく幸せなお金の使い方を磨き、その生活を守るルーティンを持つこと**です。

「誰かがやっているから」「世間の常識だから」と信念のないまま行動していては、自分が幸せになれる生き方は見えてきません。自分の価値観でお金の使い方を1つずつ見直すことが、漠然とした不安を消し、自信を持てる生き方へとつながっていくのです。

大切なのは、貯めるテクより乱さないルーティン

そうはいっても、目先の生活が心配で、忙しくて家計を見直す時間もない人も多いでしょう。ですが、**実は、そのゆとりのなさこそ、お金をムダに費やす元凶だったりします。**

本当に大事にしたいことは何かを考えることができないと、値段や評判だけでお

金を使うようになり、いつしかそれが当たり前に。時間がなく、いつもイライラと焦っている毎日では自炊も続かなくなり、ストレスを解消するために余計な出費も連鎖してしまいます。

つまり、暮らしや気持ちの乱れを整えることも、お金の使い方を変えていくためには重要。時間や物の管理を見直し、自分にゆとりを持てる生活があって初めて、幸せなお金の使い方を考えることができ、行動にも移せます。

気持ちに沿ったお金の使い方ができ、それを維持できる暮らしは心地よく、やりくりが安定して続きます。不要な出費はどんどん削れるので貯蓄が増え、それがやがて大きな安心に。幸せにお金を使える暮らしは、自信を高め、続ければ続けるほど、良いサイクルが生まれるのです。

お金と暮らしが幸せに整う5つのステップ

本書では、自分らしく家計と暮らしを整えていくための51のコツを紹介していきます。

これまでに日経WOMANが行った膨大な取材やアンケートから、お金が自然に貯まる人たちや、幸せなお金の使い方をしている人たちに共通すること、本誌が提案してきたメソッドで今の時代に合ったものを抽出し、毎日を幸せに過ごしながら家計や暮らしの軸を整えていく習慣を洗い出しました。

やりくり初心者の人も実践しやすいよう、できるだけ簡単にできる「TO DO」としてまとめています。ざっくりステップを紹介しましょう。

まず、**第1章「見つめる」**では、**「自分の価値観」を、改めて確認していきます。**何をうれしいと思い、何をストレスに感じるのか。自分の気持ちと向き合い、暮らしを隅々まで見直しましょう。頑張って稼いだお金、大切に貯めたお金を、無意味なものに使わないためにも、本当にやりたいことや、かなえたいことも明確にしていきます。家計を整えるためのベースとなる、とても大事なパートです。

続く**第2章「つかむ」**では、現在の家計をチェックし、**自分のお金の「分からな**

い」をなくしていきます。漠然とした不安を消すために、必要不可欠なステップです。今までどんぶり勘定だった人やズボラさんでも、1つずつ実践していけば必ず自分のお金に強くなれます。

今、本書を手に取ってくださっている皆さんは、「お金のことをちゃんとしたい」という気持ちがあるはず。ですが、忙しい毎日のなかでは、お金のことをずっと考えていられるわけではありません。**第3章「仕組み化する」**では、家計をラクに管理し、**お金が勝手に貯まる仕組みをつくる**ステップを紹介します。

どれほどいい仕組みをつくっても、自分に余裕がないとお金の使い方や暮らしはすぐ乱れます。そこで**第4章「焦らない」**では、**身の回りを整え、心地よく回る毎日を作るルーティンを習得。**物や時間を管理して使い、自分に余裕を保てる毎日をつくりましょう。やりくりに大切な、前向きな気持ちをキープする力もつきます。

ラストの**第5章「増やす」**は、お金の増やし方。先行きが不透明な時代でも、**お金を着実に増やしていくために、長期的な視点で見通す計画とポリシーを持ちま**

しょう。人生の安心を高めるための方法を紹介します。

順番通りに進むのが理想的ですが、目次の質問を見て、「ハッ」としたものから取り組んでもかまいません。何から見直せばよいか分からない場合は、巻末のチェックリストも参考にしてみましょう。無理をすると続かなくなるので、ゆるりとした気持ちで焦らずに試していくのが最大のコツです。

1つずつ実践していくうちに、自分のなかに確かな軸が通ってくるのを感じるはずです。不安な時代に振り回されず、自分らしく歩んで、幸せな人生を手に入れましょう！

CONTENTS

第3章 仕組み化する

安定した家計の流れをキープします

第4章 焦らない

余裕のある毎日が、お金の乱れを防ぎます

第5章

増やす

今あるお金で、将来の自分の安心を育てます

第 1 章

見つめる

価値観が変わる時代。お金を何と交換しますか？

家計と暮らしを整えていくためには、「自分はお金を使って、何がしたいのか？」を見つめる必要があります。

お金は、何かと交換するためのツールです。自分が稼いだお金を何と交換し、どんな暮らしや人生をかなえていきたいのか。そこさえハッキリしていれば、どれほど環境や時代が変わろうと、判断の軸はブレないはず。

自分が好きなこと、嫌いなこと。優先したいこと、どうでもいいこと──。大切にしたい自分の価値観を、確認していきましょう。

1

自分を満たしてくれるものは、なんですか？

ToDo

□ 「これさえあれば幸せ」を大事にする

家計を整えるために必要なものは、なんだと思いますか？　家計簿をつけて現状を把握する。貯蓄は先取りする。予算を守ってやりくりする……。もちろん、どれもとても大切なことですが、もっとシンプルに大切にしたいことがあります。それは、「どんなことをしているときが、自分は幸せなのか」をちゃんと知っておく、ということです。

気持ちが満たされなければ、お金の使い方も雑になる

おいしいものを作って食べること。休日の朝、たっぷり寝ること。好きなスポーツチームを応援すること。友人とくだらないおしゃべりをして笑うこと……。日常のささやかな喜びで十分です。**「これさえあれば、幸せ」なもの、「どんなときも一瞬で笑顔になれる」ことを持っていれば、気持ちは満たされ、前を向けます。**

不安や焦りにあおられても、自分を取り戻す時間を持てれば、次の一手を落ち着いて考えられるはずです。

気持ちが満たされず、どこかそわそわした毎日では余裕がなくなります。すると、お金の使い方も雑になり、行き当たりばったりに。焦って貯蓄に取り組んでも、いくら貯められたのか、「金額」ばかりを見てしまい、節約にばかり走ってしまうことにも。一番大切にしたい、「自分はお金をどう使っていきたいのか」を、落ち着いて考えることができません。

お金を大切にしたいなら、自分自身を大切にすることです。不安なときほど、心が喜ぶことに耳を傾け、その時間をとことん大事にしてみましょう。「私は大丈夫」と、気持ちを前向きに整えることで、落ち着きを保て、焦って判断を間違えずに済みます。

家計を整えるには、ゆとりのある心を育てることから。小さな毎日の幸せを大事にし、何が起きても動じない気持ちの土台をつくっていきましょう。

心が喜ぶ時間が、揺るぎない家計のベースをつくります

＼マネしたい！／

大好きな猫と触れ合う時間が、自分を元気に

42歳・メディア・編集

「猫が大好きすぎて、猫と暮らせるようにと一軒家に引っ越したほど。保護猫５匹と夫婦で暮らしていますが、本当に癒やされる！ 心身のバランスを保って、いつでも前向きな自分を取り戻せます」

2

今、ワクワクしていることは、ありますか？

ToDo

□ 欲しいものをこまめに書き出す

人生に困難はつきものです。時にぶつかる壁を乗り越えていくためには、テクニック以前にまず気力。やる気を保つエネルギーが必要です。そのために意識を向けたいのが、自分が「ワクワク」すること。**欲しいものや行きたい場所など、心が躍るものは、自分にとってかけがえのないエネルギーとなり、不安から身を守ってくれます。**

「これ、欲しいな」「やりたいな」と思えるものを見つけたら、ぜひ手帳やノート、スマホにメモしていきましょう。

「この仕事が終わったら、欲しかったあのピアスを買う♪」

「あのレストランのランチに行く」

「コロナが落ち着いたら、留学する！」

書くことで、自分の価値観が見えてくる

ワクワクすることは、多いに越したことはありません。小さなことでも、どんどん書き出しましょう。書き出したものを眺めるたびに、気持ちがポジティブになり、やる気も上昇。心のお守りになります。

何より、書き出した「ワクワク」は、自分の価値観そのものです。**書いて眺めることで、「私はこういうことにお金を使いたいんだ」と、家計の軸となる部分を認識できます。**「ワクワク」を手に入れるためにはどうしたらいいか。お金の使い方をより真剣に考えられ、つまらないものに出費しない暮らしをつくることができるのです。

「ワクワク」が自分らしいお金の使い方を磨きます

＼マネしたい！／

「したいことリスト」で人生が変わった！

――27歳・運輸・事務――

「年末に、翌年かなえたいことを100個書き出します。目で見る↓常に意識する、の好循環が生まれ、半年間で3分の1も実現！　かなったものには花丸をつける達成感がやみつきに。副業を始めるなど行動力もついて、自分でもびっくりです！」

3

気持ちが伴わない出費をしていませんか？

ToDo

□「買わないもの」を決める

自分が「本当は買いたくない」と思うものにお金を使うことほど、ムダなことはありません。「買いたくない」「使いたくない」と思うのも、立派な価値観。心が伴わない出費をやめるだけで、自分らしいお金の軸を1つ、つくれます。

もったいないと思いつつ、つい頼ってしまうタクシー。急な雨で仕方なく買ってしまうビニール傘。本当は行きたくない付き合いの飲み会……。

こうした、気持ちが前を向かない出費や、もったいないと思うムダな支出を洗い出してみましょう。そして、どれか1つでいいので「もう、買わない」と決めてみます。

消極的な出費は、ストレスになる

買わないものを決めると、買わないためにはどうしたらいいか、予防策を考えるようになります。タクシーを使わないために、今までより早く家を出たり、ビニール傘を買わないために、天気予報を必ず確認したり、軽量な折り畳み傘を常に携帯したり。それによって、ムダな出費が減るだけでなく、買うために使っていた時間や、買った後に管理する手間も減少。モヤモヤした気持ちで使う出費が減れば、ストレスも減ります。

「買いたいもの」が表の軸なら、「買いたくないもの」は裏の軸。両方の軸を見つめて、自分が守りたい価値観の輪郭を、くっきりさせましょう。

「欲しくない」が、守りたい価値観を明確にします

＼ マネしたい！ ／

「ワクワクしない飲み会には行かない」と決めたら、人生が充実！

——32歳・サイト運営・広報——

「以前は、誘われた飲み会には参加するようにしていましたが、愚痴を聞くだけの集まりは楽しくないし、時間のムダ。自分がワクワクしない飲み会は、勇気を出してきっぱり断ることにしました。飲み会に使っていたお金と時間は、以前から興味のあったボランティア活動に使えるように。いい仲間にも出会えて、毎日が楽しいです！」

4 本当の買い物上手になるには、何が必要？

ToDo

□ 気にすべきはお得度より、満足度

セールやキャンペーンでお得に購入できると、とてもうれしいですよね。でも、その満足は、あくまでも「安く買えたこと」に対しての評価。いいお金の使い方ができたかどうかは、また別の問題です。

いいお金の使い方とは、少なくとも「これは、本当に買ってよかった」「お金を出してよかった」と思えること。値段より、買った後、が大事なのです。

「振り返り」で、ものを見る目を養える

でも、買う瞬間はどうしても、お得な条件に引っ張られます。「本当は、Aという商品が欲しかったけれど、Bのほうが割引率は高いからBにしようかな」などと、つい損得を計算してしまうからです。

お得を優先してしまうと、買う瞬間の満足度は高くなりますが、商品に対しては妥協が入ることになります。その結果、買った後の満足度は低くなってしまいます。すると結局使わなくなったり、新しいものを買い直すことになったりして、ムダになることもあるでしょう。

それなら、最初からAを買って大事に長く使ったほうが、コスパも良く、暮らしの充実度も上がっていたはずです。

自分にとって、本当にいい買い物とは何か。これは、どこにも答えはなく、自分で買ったものを振り返ることでしか学べません。「買ってよかった」と思えるかど

うかは、機能でもスペックでも金額でもなく、自分自身の価値観の問題だからです。

ゆっくり過ごせるときに部屋の中を一通り見渡して、服でも家具でも、調理道具でも、**「私は本当に、これを買ってよかったか」と、満足度や活用度を振り返ってみましょう。**「勢いで買ったけれど、今は全然使っていない、身に着けていない」ものが見つかれば、衝動買いの傾向にも気づくことができ、自分にしっくり来るものの基準も見えてきます。

自分が満足する価値観をシャープに磨いていけば、ムダな買い物をしなくなり、同じ予算でも、より幸せなお金の使い方ができます。

値段より、大事にすべきことに気づけます

5

人の評価に影響されていませんか？

ToDo

□ 買う前に、口コミを見すぎない

商品やサービス、レストランからホテルに至るまで、何かにお金を使う際、口コミをチェックするのは今や当たり前のことになりました。実際に買った人、使った人の感想は、細かい部分の使い勝手や意外な落とし穴に気づけ、確かに参考になるものです。

ただ、口コミだけで判断してしまうのは、お金の使い方を他人に委ねてしまうのと同じこと。あまり気にしすぎるのは考えものです。

「なぜ欲しいのか」を見つめれば、満足度は高くなる

何かを買うときに、あれこれ比較・検討すると、幸福度が下がるというデータもあります。「幸福学」を研究する、慶應義塾大学大学院システムデザイン・マネジメント研究科教授の前野隆司さんによれば、「何かを買うときに、スペックや口コミを徹底的に調べる人より、直感で適当に買った人のほうが満足度は高い」という傾向があるそうです。

比較・検討をしすぎると、その商品のマイナス面にも、必然的に目を向けることになります。何も知らずに買っていれば、気づかなかったかもしれない欠点を「やっぱり、ここがイマイチだなあ」と、減点しながら使うことになってはあまり楽しくないですよね。

口コミで絶賛されているから、★マークが多いからと購入し、思っていたものと違ってがっかりしても、誰も責任を取ってはくれません。

自分で買うものは、自分で責任を持つ。口コミを参考にしすぎず、「なぜ欲しいのか」を考えてみましょう。
「この商品は、○○だから買いたい」と、理由を明確にしていけば、人の意見に惑わされなくなり、納得の行くお金の使い方ができます。

判断は、他人に委ねません

＼マネしたい！／

旅行は直感。「行きたい」「泊まりたい」を最優先します

――31歳・看護師――

「行きたい旅行先や、泊まるホテルは、〝一番行きたい〟を選び、値段や口コミで変えないのがポリシーです。宿泊先を妥協しない分、移動手段の飛行機やレンタカーは格安プランを選ぶことで、予算内で大満足の旅ができます！」

6

今日、「なんでもいい」を何回言いましたか？

ToDo

□ 小さな出費にも、意見を持つ

友人「今日のランチはどこに行く？」
あなた「どこでもいいよ～」
友人「Aランチにしようかな」
あなた「私も同じで！」

こんな会話をしていませんか？「なんでもいい」「どこでもいい」は、考えることを放棄しているのと同じ。自ら選択を手放してしまっては、お金はムダに消えていきます。

自分が守るべき優先順位は、どんな出費にもある

きちんと考えて「選択」するのは、それなりに面倒で疲れます。でも、**そのプロセスこそ、自分のお金の使い方を考える重要な作業。**ランチひとつとっても、きちんと自分の考えで選べる人と、「なんでもいい」と人任せにする人とでは、お金の使い方に大きな差が生まれてしまうのです。

「なんでもいい」と思ったらちょっとだけ立ち止まって、きちんと考えて選んでみましょう。その積み重ねが、家計にも暮らしにも、「自分らしさ」を行き渡らせてくれます。

自分の考えで選び抜く力がつきます

＼マネしたい！／

飲み物は、気分に合わせてきちんとセレクト

34歳・製薬・経営企画

「家や会社で飲むものは〝なんでもいい〟にせず、ハーブティーと決めています。気持ちをシャキッとさせたい朝はミントティー。仕事で気持ちが高ぶったときは、鎮静効果のあるセントジョーンズワートなど、そのときの気分に合わせて丁寧に選ぶと、リフレッシュ感が違う！　いつもご機嫌な自分でいられるから、ストレスでお金を雑に使うこともありません」

7

貯蓄だけに、集中していませんか？

ToDo

□「やってみよう」予算を持つ

「お金を貯めたい」と思うと、どうしても、好きなことに使うお金を「ムダ」に捉えがちです。もちろん浪費は改める必要がありますが、貯めたお金をムダに使わないためには、「使い方」の練習こそ大切。たくさん貯めても、楽しく使えなければ、それこそムダになってしまうからです。

自分にとってうれしいお金の使い方はどういうものなのかは、実際に使ってみなければ分かりません。お小遣いや、自由に使える予算を切り捨てすぎないようにしたいものです。

幸せな使い方を知らなければ、貯めても意味なし

お金の使い方を磨くために意識したいのが、「初めまして」を広げること。物を買うだけでなく、新しい経験を積めることに、お金を使ってみることです。

楽しそうだと思っていても、実際やってみたら案外つまらなかったということもあるし、逆に、全く興味はなかったのに、やってみたら面白くて夢中になった、ということもあります。「これは楽しい！」「もっとやってみたい」と、気持ちが前向きになれるお金の使い道に出合えたら、大収穫。お金を豊かに使う経験値がぐんとアップし、人生が豊かになります。

もし、「あまり楽しくなかった」「失敗した」という結果に終わっても、それをきちんと学べたのであれば、ムダではありません。大金をつぎ込む前に気づけてよかったと思えばいいのです。

貯め方のハウツーにばかり詳しくなっても、気持ちは満たされないはず。自分にとってうれしいお金の使い方を広げ、どんどん磨いていきましょう。

お金は使わなければ、何がいいかも分かりません

＼マネしたい！／

訪問ネイルに自己投資。おばあちゃんの笑顔がうれしい！

――36歳・スポーツ関連・総務――

「以前から興味のあった、高齢者向けの福祉ネイリストを目指して勉強。資格取得に15万円ほどかかりましたが、おばあちゃんたちが出来上がった爪を見て、〝かわいい〟と喜んでくれるのがうれしくて。昔のお話を聞くのも楽しく、本当にやってよかった。人の役に立てて、出会いも増えることは、私にとって最高にいいお金の使い方。これからも、広げていきたいです」

8

暮らしの「マイ定番」、いくつありますか？

ToDo

□ お気に入りを決めたら、リピートしてみる

買い物の選択肢は、無数にあります。そして、無数にあるがゆえに、ちょっとした買い物でも「ベスト」を探そうと、時間をかけてしまいがちです。「どこで買うのが一番お得？」「もっといい商品はない？」など、つい検索をかけ続けてしまうこと、ありませんか？

選べることは幸せですし、時間をかけて選びたいものもあります。ですが、選択肢がありすぎると、時に疲れてしまうのも事実。最終的に面倒になり、「もうこれでいいや」と、いいかげんな選択でお金を使うのは避けたいものです。

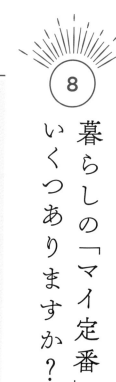

定番を決めると、時間とお金のムダがなくなる

こんな決断疲れを防ぐのに有効なのが、「マイ定番」を持つことです。料理に使う調味料、タオルや洗剤などの日用品などは、定番を決めてしまえば、買い足しや買い替え時にいちいち悩まずに済みます。

服も、平日の仕事服や部屋着、肌着などは定番化しやすい部分。ブランドやお店を決めてしまえば、セールの情報も集めやすくなり、賢い買い替えにもつながります。頻繁に買うものほど、定番を決めておけば買い物のストレスを減らせてラク。予算も安定し、出費の変動も減らせます。

「マイ定番」を持つことで、自分にとって譲れない価値は何かを整理できるのもメリットです。 洗剤ひとつとっても、「飽きずに長く愛せるか」「コストは見合うか」「好きなメーカーか」「買いやすいか」など、定番化に必要な条件を考えるからです。

暮らしや収入が変わっても、納得してお金を使っていくために、「マイ定番」に求めるものを明確にしていきましょう。

物選びの優先順位がハッキリします

＼マネしたい！／

服はパーソナルカラーを定番にしたら、貯蓄が倍増！

――26歳・福祉関連・専門職――

「パーソナルカラー診断を受け、自分に似合う色の服だけを買うようにしたら、それまで月4万～5万円かかっていた服飾費が、ワンシーズン2万～3万円程度に。年間で約40万円ほど節約でき、貯蓄が大きく伸びました！」

9 必要なものが、瞬時に取り出せる部屋ですか？

ToDo

□ 身の回りを「1軍」だけに絞る

自分にとって必要なものと、ムダなものが分かれば、家計は百人力。判断に迷わなくなり、お金の使い方が整ってきます。

その力をつけるために実践したいのが、身の回りのものを必ず使う「1軍」だけに絞り込むこと。具体的には、「毎日使う」あるいは「週1回以上使う」ものに厳選してみることです。

物が多い生活は、ムダが増える

まずは引き出しを1つ、整理してみましょう。ハサミが何本も入っていたら、一番使いやすいものだけ残して、あとは他の場所へしまいます。キッチンなら調味料や調理グッズ、洗面所なら洗顔グッズやヘアケア用品。場所や物は違っても、ルールは同じです。頻繁に使うものだけを、選び抜いて収納します。

1軍に絞っていくことで、今の暮らしに何が必要で、何が不要なのかを、浮き彫りにできます。逆に、不要なものが混ざり、物が多い状態では、何がムダか分かりません。欲しいものもすぐに取り出せず、家にあるのに新しいものを買わざるを得なくなるなど、余計なムダを生むことにもなります。

必要なものがそろっていれば、「足りないものはない」と自覚でき、人が持っているものが欲しくなる気持ちも自然に抑えられるはず。出先で、衝動的に買いたいものに出合っても、「同じ役目のものは、家にあるな」「これは、買ってもきっと使わない」などと、自分にとっての価値を瞬時に見極められるようになります。毎日使うものをきちんと見つめることで、自分のなかの「ものさし」を、よりしっかり持てるのです。

必要とムダを見極める力がつきます

＼ マネしたい！ ／

タオルは3枚、靴は4足で十分でした！

―― 24歳・不動産・受付事務 ――

「靴は、オン・オフ問わず1年中使えるパンプスなどが4足あれば十分ということに気づき、季節限定のブーツやサンダルは処分。タオルはかさばるバスタオルは持たず、フェイスタオル3枚のみ。食器、調理グッズもよく使うものだけに絞ったら、家中がスッキリ。余計なものを置きたくなくて、買い物の基準が厳しくなりました。いつ、誰に見られても恥ずかしくない部屋になり、精神的にも安定。小さなことにクヨクヨしなくなりました！」

第2章

つかむ

「分からない」をなくせば、不安は消えます

お金のことは、分からないと不安になります。お金があっても、足りるかどうか分からなければ不安は消えません。世の中の先行きが不透明な時期は、なおさらです。

不安なくお金を使っていくためには、家計の「分からない」をなくすことが大前提。時代がどんなに変わろうと、家計の収支や、将来に必要なお金が分かっていれば、何をすべきか考えられます。

「でも、家計簿は苦手……」。ご心配なく。本章では、効率よく家計をつかむコツをお伝えします。

10

細かい出費にとらわれていませんか？

ToDo

□ 全身を鏡に映すつもりで家計を見る

「家計を把握するにはまず家計簿」と、細かく出費をつけるところから始める人が大半です。ですが、最初に押さえたいのは全体像。家計簿をつける前に、収入や貯蓄、支出の大枠をつかんでおきましょう。

先に全体像をつかむと、家計を効率良く見直せます。全体で見れば、食費などより保険料のムダのほうが大きいかもしれないし、今月は赤字でも、年間で見ればしっかり貯蓄ができているかもしれないからです。あるいは、「毎月5万円ずつ貯めていたけれど、急な出費があるたびに崩していて、年間では10万円も貯まっていなかった……」ということもあるかもしれません。

貯めている人は「6つの金額」を知っている

木を見て森を見ず、にならないように、次の6つの金額を明らかにしてみましょう。**これらは、貯めている人が必ずといっていいほど把握している数字です。**

❶年間の収入（給料、報酬、副収入などの合計）
❷今の総資産額（貯蓄、投資など資産の合計）
❸年間の支出額（1年間で払った金額の合計）
❹年間の貯蓄額（1年間で貯められた金額）
❺1カ月間の生活費（毎月かかる出費）
❻年間でかかる特別出費（時々かかる出費）

それぞれをどのように把握するかは、この後に説明しますが、6つの数字をつかむためは、自分のお金の流れを整理する必要があります。あくまで大枠をつかむことが目的ですが、整理していくことで家計の細かい部分や課題も浮き彫りに。6つの数字が明らかになったときには、今までとは比べものにならないほど、「自分のお金」に詳しくなっているはずです。

ありのままを見ることが、理想に近づく第一歩

11 昨年の手取り年収は、いくらでしたか？

ToDo

□ 源泉徴収票に記載されていない「本当の収入」を正確に知る

まず、把握したいのは収入です。収入をきちんと知らないと、貯蓄や投資に回せる金額も分からないからです。適当な予算を配分すると、「これでいいのかな？」と自信を持てなくなり、不安の消えない暮らしになってしまいます。

収入を知っておけば、たとえボーナスや給料が減っても、生活費をどのくらい調整すればいいいか、すぐ対応が可能。慌てずに対処できます。

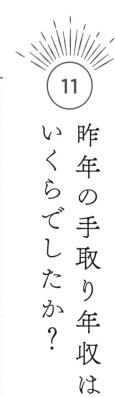

会社員の手取り年収は、年末に勤務先から受け取る源泉徴収票と、毎月の給与明細があれば分かります。ただ、**源泉徴収票には手取りの収入は書いてありません。**ちょっとだけ手間ですが、次の計算で出しましょう。p.45も参考にしてください。

●手取り年収＝給与収入－社会保険料などの合計金額－所得税額－住民税額

年収を知ると転職時も役立つ

給与収入は源泉徴収票では「支払金額」です。社会保険料などの合計金額、所得税額も源泉徴収票に記載があります。

住民税額は、給与明細に1カ月分が記載されていますので、これを12倍して年間の負担額を出しましょう。あるいは、毎年6月頃に勤務先からもらう（フリーランスの場合は自治体から届く）住民税決定通知書でも確認できます。

ちなみに、一般的な「年収」とは、社会保険料や税金を引く前の金額のこと。「額面」や「税込み」ともいわれ、源泉徴収票の「支払金額」が該当します。

「手取り年収」は、こうしてチェック！

給与収入	社会保険料	所得税	住民税
源泉徴収票の「支払金額」	源泉徴収票の「社会保険料等の金額」	源泉徴収票の「源泉徴収税額」	住民税決定通知書の税額、または毎月の給与明細の住民税の12倍
円	円	円	円

円 － 円 － 円 － 円

＝手取り年収 円

POINT

手取り年収を計算するには、「源泉徴収票」と「住民税決定通知書（または毎月の給与明細）」が必要です

源泉徴収票って？

勤務先で年末にもらう、その年の給与、税、社会保険料の総額などが書いてあるもの。「支払金額」がいわゆる「額面年収」です。その隣にある「給与所得控除後の金額」を「手取り年収」だと思っている人も多いのですが、これは「給与所得」であって、手取りではありません。

住民税決定通知書って？

勤務先などから毎年6月頃にもらう通知書で、その後1年間で支払う住民税が書いてあるもの。前年の所得や所得控除の額が書いてあり、それを基にした住民税（都道府県税・市区町村税）の明細が書かれています。「税額」欄の「差引納付額」が1年間の住民税の合計になります。

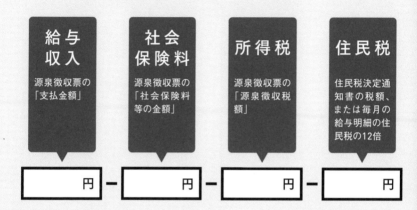

転職などの際に提示される年収は「額面」です。それを知らないと、「わ、こんなに増える！」と期待して転職し、実際の手取りは前職より低くてがっかり……などということにもなりかねないので、「額面」の年収も頭にメモしておきましょう。

貯めるも使うも、それからです

12 昨年払った税金は、いくらでしたか？

ToDo

□ 払っている税金も知っておく

手取り年収を出す際にチェックした、「税金」や「社会保険料」の金額を見て、「こんなに払っているの⁉」と驚いた人も少なくないのでは？ 会社員の場合、税金や社会保険料は給与から天引きされているので、あまり気にならないかもしれませんが、**その額は実に、ざっと年収の2割以上。**年収500万円なら、100万円以上となり、月9万円の家賃を払っているのと、ほぼ同じ負担です。

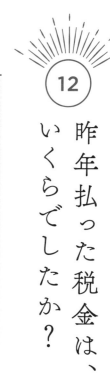

税金を知らないと、損し続ける

ただし、税金は家賃と違って減らすことが可能。税金は、「課税所得」（額面収入から必要経費や各種控除額を差し引いた金額）によって決まるので、年末調整や確定申告で「所得控除」を申請すれば、「課税所得」の金額が減り、払いすぎていた分の税金が戻ってきます。申請する控除が多ければ、全額取り戻すことも可能です。

所得控除には、「生命保険料控除」や「住宅ローン控除」「扶養控除」、iDeCo《イデコ》（個人型確定拠出年金）に加入している場合は「小規模企業共済等掛金控除」などがあります。使えるものはフルで使いましょう。年間数万円でも、5年、10年と積み重ねれば大きな差。例えば、医療保険や個人年金保険に結構な額を支出しているのに、よく分からずに年末調整の書類を毎年、何も書かずに提出していたとしたら、大損しているはずです。

税金を知っておくメリットは、それだけではありません。給付金や助成金など、国や自治体からもらえるお金の多くは「所得制限」がありますが、この基準によく使われるのが住民税。特に、子育て中は「高等学校等就学支援金」や、「高等教育の修学支援新制度」など、教育費に関する支援があります。活用できるものは活用することで、用意できる教育資金が変わってくるのは事実。所得や税金を調べ、確実に申請することで、子どもの教育の可能性を広げることもできるのです。

税金や社会保険料は、年金生活になってからもかかり続けます。手元で使えるお金を少しでも増やすためにも、自分が払っている税金や、所得控除に使えるものを把握しておきましょう。

節税知識は、生涯役立ちます

13 総貯蓄額をパッと言えますか？

ToDo

□ 今の資産を把握する仕組みをつくる

収入をチェックしたら、次は自分が持っている資産を確認してみます。資産には、銀行に預けている預金以外に、投資信託や株、貯蓄型の保険などがあります。iDeCoやつみたてNISAなどで、積み立て投資をしている場合や、株を持っている場合は、その評価額も含めます。お金に換えることができる家や車を持っている人は、これも資産です。

総資産を知っておくメリットはたくさんありますが、なんといっても大きいの

は、貯蓄に対するモチベーションが簡単に上がること。預金の残高を書き出していくだけでも、「こんなに貯められた！」「もう少し増やしたい！」と、貯蓄に対する意識を自然に高めることができます。

簡単&ラクに確認できる仕組みが貯蓄を伸ばす

コツコツと資産が成長していく様子を確認できれば、より一層、手元の家計を見直す気持ちにもなるもの。目標に対してペースが落ちていれば、早めに手を打つこともできます。少なくとも、「足りるかどうか分からなくて不安」になることはありません。

総資産は、パッと見て分かることが大事です。ですから、チェックする際は、すべての資産を一覧表にまとめるようにします。p.53に総資産一覧表の例を掲載しているので、参考にしてみてください。

表の左側の縦軸に、銀行口座など、各資産の名前。表の上の横軸に、年月を書きます。こうすると、例えば、2020年10月時点の資産が縦1列に並びます。一番下に合計金額を記入するようにすれば、その時点の総資産が分かるというわけです。もちろん、手書きではなくエクセルなどを使っても構いません。

各資産の記録ルールは、次のようにします。

- **銀行口座……手持ちのすべての口座の残高を記入**
- **投資口座**（株式や投資信託、金など）**……それぞれ、現時点での評価額を記入**
- **iDeCoやつみたてNISA……それぞれ、現時点での評価額を記入**
- **貯蓄型の保険……払い込んだ保険料の総額を記入**
- **家や車……ローンの残債。または、完済済みなら売却した場合の相場を記入**

総資産残高を調べるには、家計簿アプリを使うと便利です。

例えば、「マネーフォワードＭＥ」「Ｍｏｎｅｙｔｒｅｅ」「家計簿Ｚａｉｍ」などの家計簿アプリは、主な銀行口座や証券口座と連携できます。各金融機関サービスのサイトにログインするのに必要なログインＩＤとパスワードなどを入力することで、各口座の残高や出入金情報を取得できるので、総資産が一目瞭然です。

「総資産の一覧表」を作ってみよう

記入例

資産の種類	預け先・内容など	20年10月	年　月	年　月
預金	A銀行（残高）	35万8000円		
	B銀行（残高）	8万4000円		
	C銀行（残高）	6000円		
貯蓄型保険	P保険（保険料総額）	30万円		
投資	つみたてNISA（評価額）	21万6000円		
	T社株（評価額）	18万7000円		
	iDeCo（評価額）	36万500円		
	プラス資産の合計①	151万1500円		
ローン	車（残債）2023年6月まで	52万円		
	マイナス資産の合計②	52万円		
	純資産（①-②）	99万1500円		

一度連携してしまえば、アプリひとつでその後の資産の推移も簡単に、正確に把握でき、貯蓄のモチベーションも維持しやすくなります。

総資産の全貌を把握できたら、1カ月ごと、半年ごとなど、定期的にチェックしましょう。資産が順調に増えているか、極端に目減りしていないか、など、早めに確認することができます。また、預金口座を整理するきっかけになったり、投資でもっと効率的に増やそうというモチベーションにつながったりします（投資については第5章でたっぷりお伝えします）。

「面倒くさい」と思わずにぜひ一度、自分のお金を総ざらいしてみてください。

やる気と気づきを得られます

14 家計の長期的な見通しを持っていますか？

ToDo

□ ローンの完済時期を確認する

総資産額の一覧表にはプラスの資産だけでなく、マイナスの資産（負債）も明記しておきます。マイナスの資産には、例えば、

●住宅や車のローンの残債
●返済中の奨学金の残額
●分割払い中のもの

などがあります。こうした負債は、残額だけでなく、完済時期をメモしておきましょう。完済後は、返済に使っていたお金が手元に残ることになり、家計が変化。貯蓄に回せる部分も大きくなるので、長期的な貯蓄プランを考える上で役立ちます。

全体を見る目が、失敗しないプランにつながる

完済時期の確認は、返済プランを定期的に見直すためにも有効です。特に、**住宅ローンは定年までに完済するのが理想。定年後まで残ってしまうと、年金や退職金が減ってしまい、老後が苦しくなります。**「定年後も働くから」と思っていても、再雇用では、現役時代と同じ収入が得られるわけではありません。住宅ローンはできるだけ、現役の間に完済するプランを考えましょう。

このように、資産はマイナス分も含めて、全体を把握する目を持つことが、より多くの気づきを生みます。ローンが残っていても構わないので、それを確実に返していけるか、繰り上げ返済しても家計を圧迫しない時期はいつか、といった計画をしっかりと立てられることが大事です。

より堅実な貯蓄プランを作れます

15 毎月、最低限いくらあれば暮らせますか?

ToDo

□ 1カ月に必要な生活費の大枠をつかむ

収入、総資産を把握したら、いよいよ支出の見える化です。1カ月にいくら使っているかをまず調べます。といっても、家計簿を細かくつける必要はありません。ルールは簡単。すべての出費をシンプルに、**「毎月使うか、使わないか」の2種類で分類していくだけです。**これなら簡単に仕分けができ、1カ月に使う出費のデータをサクサク集めることができます。

毎月使う出費は「生活費」、時々使うお金は「特別出費」とします。「生活費」には、毎月の家賃や水道・光熱費、食費や日用品代、習い事代などがありますが、人によって異なります。

細かい分類はあと、が正解

「特別出費」には、固定資産税や、車検などの車関係費、冠婚葬祭費、家電や家具の買い替えなどが該当しますが、これも人によってさまざまです。例えば、服飾費や医療費は「毎月はかからないから、特別出費」と考える人もいれば、職業や持病などの関係で、「毎月絶対必要だから、生活費」と考える人もいるでしょう。

ですが、どんな状況であっても、毎月使うか、使わないかで考えれば、出費は分類が可能なはず。試しに、今お財布に入っているレシートや、クレジットカードの明細を見て、「毎月使うか、使わないか」で分類してみてください。簡単に仕分けできると思います。

まず「毎月使う出費」だけを集めることに集中すれば、1カ月にいくらぐらいあれば暮らせるか見えてきます。何にいくら使っているかは、集めた出費を見て分類すればいいのでラク。いちいち「これは何費？」と悩みながら家計簿をつけなくていいのです。

出費データを集める方法は、レシートを保存していくだけでもいいし、ノートに記録する方法でもＯＫ。面倒なら、家計簿アプリを使うと便利です。この方法は、第3章でご説明します。

最低限、月にいくら必要か分かっていれば、急な収入の変化にも冷静に対応できます。細かい内訳より、全体でいくら必要かをまず、つかみましょう。

収入の急な変化にも強くなれます

16 予算を、イメージで決めていませんか？

ToDo

□ 何に、いくら使っているかを整理する

1カ月の生活費を抽出したら、内訳を分類してみましょう。何に、いくら使っているかを把握するためです。これもルールは簡単。まずは「毎月1回、決まった期日に払うもの」だけ集めてみます。家賃や水道・光熱費、通信費、習い事の月謝などがありますね。これらを**「固定費」**とします。それ以外は**「変動費」**とします。食費や日用品代、交際費など、日常生活で月に何度か生じる出費が当てはまります。

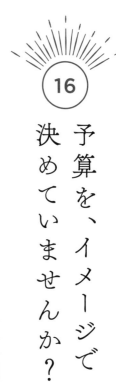

使っている出費から費目を立てれば迷わない

人によっては、固定費以外は「食費」と「日用品代」ぐらいしかない、ということもあるでしょう。変動費のなかでも、「家で食べる食費」と「職場のランチ代」とは予算を分けたい人もいるかもしれません。人それぞれ出費の内容は違うので、一般的な費目や、家計簿アプリにあらかじめ登録されている費目に従う必要はありません。

実際の出費をまず集めてから分類すれば、自分に合った費目分けができます。自分で費目を分ければ、どこまでが食費で、どこから外食費にするかなど、ルールも決められます。自分で決めれば、いちいち「これは外食費？交際費？食費？」と悩む必要がなくなるので、やりくりもラクに続くのです。

費目を分類できたら、それぞれの予算も考えてみます。なんの根拠もなく、「食費は月3万円でやりくりしよう！」と張り切っても、それが到底無理な金額だった場合、苦しんで挫折するだけです。でも、**実際に使っている金額を見てから考えれば、「今5万円使っているから、少し頑張って4万5000円にしてみよう」と、実現可能な予算を組むことができ、家計の基盤を効率良く整えられます。**

費目を分類して、それぞれの予算が見えたら、一覧にしておきましょう。それが、今の暮らしで1カ月に使う生活費の目安です。仕事が変わるなど、生活環境が変化したときは、この目安をベースにすれば新しい予算を調整できます。

毎月の予算を効率良く調整できます

17

急な出費に慌てたことはありませんか？

ToDo

□ **特別出費を月ごとに書き出す**

毎月の生活費の内訳を分類できたら、次は特別出費（時々必要になるお金）も「見える化」してみましょう。**実は、貯まる人ほど、この特別出費をしっかり管理しています。**特別出費は、金額が大きいのでお金を準備しておく必要があります。「急な出費に慌てて貯蓄を崩すと、いつまでも貯まらないから」と、きちんと整理して予算化しているのです。

特別出費の管理が、貯蓄とやりくりを左右する

特別出費は、毎月は使わないお金。それほど頻繁にある出費ではないので、**「これは特別出費だな」と思ったものを、手帳にメモしていくだけでも十分です。**

できれば1年かけてデータを集めるのが理想的ですが、それでは家計をつかめるのが来年になってしまうのが難点。先に大枠だけでも知っておけば、年間のプランを立てられるので、取り急ぎ1年前から今年の現時点までの出費を洗い出してみましょう。

クレジットカードの明細、通帳、手帳などを用意して、まずは支払い期日や金額が決まっている出費をリストアップ。固定資産税や車検、車の税金、年払いにしている保険料など、今後も払う予定があるものを書き出してみます。

書き出す際は、何月にどんな出費があるかを整理していくのがポイント。p.67の表のように、数カ月先の支出予定がパッと見て分かるように、12カ月分を1枚にま

とめておくと便利です。

例えば、5月・6月は支払いが多いと分かっていれば、3月ぐらいから予算を取り分ける、冬のボーナスを残しておくなど、収入を的確に配分でき、慌てずに支払うことができます。毎月の生活費とは別に予算を用意することで、やりくりも崩れなくなるのです。

急な出費に焦らなくなります

年間の「特別出費」を書き出しておこう

1月	2月	3月
服予算……3万円	コンタクトレンズ……1万円	歓送迎会 5000円
4月	**5月**	**6月**
服予算……3万円	母の日……5000円 コンタクトレンズ……1万円	車税金……3万円 父の日……5000円 結婚祝い……3万円
7月	**8月**	**9月**
服予算……3万円	旅行……10万円 コンタクトレンズ……1万円	車検……20万円
10月	**11月**	**12月**
服予算……3万円	コンタクトレンズ……1万円	忘年会……1万5000円
		合計……55万円

18

洋服に、年間いくら使っていますか？

ToDo

□ 管理しにくい出費は大枠の予算を決める

特別出費のなかで少し厄介なのが、その時々で金額が変動する出費です。例えば、毎年行き先が変わる旅行、家電などの買い替え、服飾費や医療費、ペットのケア代やコンタクトレンズ代、友人の結婚式のお祝いなど。金額がバラバラなだけでなく、年に1〜2回だけ払うものから、3〜4カ月置きに必要になるものまで、頻度もいろいろ。管理がしにくいため、しばしば、やりくりを崩す原因になります。

こうした**変則的な特別出費は、ざっくり予算を決めて、見える化していきましょ**

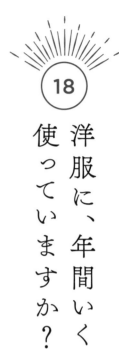

う。例えば、旅行や帰省は、何月に行って費用はいくらかかるのか。前回の実績を参考にするほか、交通費や宿泊費、お土産代、現地での必要経費などをざっと見積もっておけば見通しがつきます。

頻度と金額を考えれば、年間コストを見通せる

ペット関連費やコンタクトレンズ代など、定期的に必要になるものも、消費するペースをつかめば、「3カ月置きにだいたい2万円」などと、頻度と金額を整理できます。それを、p.67で紹介した一覧表に記入していけばいいのです。

交際費も流動的ですが、歓送迎会や忘年会など、毎年参加する時期とおおよその予算が決まっているものは、記入できるはず。服飾費も、買いたいアイテムが決まっている場合は、「11月にコート、5万円」など、時期と予算を記入します。シーズンごとにいくら、と予算を取るなら、**「夏物を買う5月に5万円、冬物を買う11月に8万円」**など、これも月と金額を決めてしまうと管理が楽です。

こうやって、ざっくりとでも「何月に」「何が」「いくら」かかるかを整理していけば、特別出費の大枠が見えてきます。仮に転職や結婚、出産などでライフスタイルが変わり、不要になる出費や追加しなければならない出費ができても、基本的に必要になる出費をつかんでおけば調整が可能。ピンチのときは、特別出資の一覧を見て、優先順位が低い出費は削り、家計を守ることもできます。

家計の安定感がぐっと増します

19
「あ、足りない!」で、貯蓄を崩していませんか?

ToDo
□ 予備費を見積もる

ただ、いくら出費を整理しても、見通せないものも多くあります。医療費を見通すといっても、病気やケガは、いつ自分の身に降りかかるか分からないし、急な冠婚葬祭もあるからです。使うかもしれないし、使わないかもしれない。こうした出費については、まとめて「予備費」として予算化しておくと、いざというとき貯蓄を使わずに済むので助かります。

見通せない出費もある、と思って20万～30万円くらいを特別出費に組み入れておきましょう。

「予備費」はもし使ったら、内容をメモしておきます。それが定期的にかかる出費になるようであれば、翌年は予算化していきましょう。

貯蓄を守る、安全ネットになります

20 ズバリ、年間でいくら貯めたいですか？

ToDo

□ 貯蓄できる額をつかむ

「毎月の生活費」と「特別出費」の大枠を出せたら、1年でどのくらいのお金を使っているか、年間の生活コストを確認してみましょう。

● **年間生活コスト＝毎月の生活費×12カ月分＋特別出費の合計額**

年間生活コストを出したら、次は手取り年収（p.43～参照）との差額を出してみます。これが、今の自分が1年間で貯蓄できる金額です。

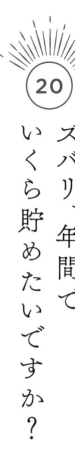

●年間の貯蓄額＝手取り年収−年間生活コスト

現在の貯蓄力を知ることで、さらに伸ばすためにはどこを削ればいいか、あるいは収入を上げるべきか、プランを検討するきっかけになります。

貯蓄目標を持つと、やりくりが変わる

もし、勤務先の業績悪化などで残業代やボーナスが減ってしまっても、**自分の貯蓄力を知っておけば、どのくらいまでの減収なら耐えられるかを知る目安にもなります。**

収入、支出、貯蓄はざっくりとでもいいので、書き出してみることが大事です。貯蓄力が少なく、がっかりするかもしれません。見たくない出費もあるかもしれません。それでも、今の自分の経済力、貯蓄力を正確に把握することで、進むべき一歩を間違えずに済みます。

「来年は、貯蓄を20万円伸ばしたい。副業を考えてみようかな」

「どう考えても年間生活コストが高い。来年は予算をちゃんと立てよう」

など、進むべき方向の「コンセプト」を自分で決められ、納得できる道筋を考えられるのです。

見直すべき家計のポイントが分かります

21 もし、失業したら今の貯蓄で何カ月暮らせますか？

ToDo

□「備えの貯蓄」を持っておく

いつ、何が起きるか分からない世の中。仕事を失ったり、収入が減ったりすることも決して少なくありません。「万一」を考えると、少しでも貯蓄を増やしておきたいところです。ですが、お金をいくら貯めても、「足りるかどうか分からない」状態では、不安はいつまでも消えません。備えに必要な金額を見積もり、まずはそこを目指して進むことです。貯蓄の目標があれば迷わないし、達成すれば安心できます。

いざというとき、自分が安心できる貯蓄額はどのくらいか、具体的に考えてみましょう。**目安となるのは、「1年分の生活費」です。**このくらいあれば、万一減収や一時的な失業があっても、次の仕事を落ち着いて探せます。もしこの先、病気やケガで休職することになっても、安心して治療に専念できます。

安心できる備えが、人生の支えになる

p.73で紹介した「年間生活コスト」を参考にすれば、用意すべき1年分の生活費の目安も分かるはず。準備するのは必要な生活費だけでいいので、旅行など、必須ではない出費については外すことで、目標金額のハードルを下げられます。

なお、**こうした生活を守るための貯蓄は、すぐに現金化できる預貯金で持っておくのが鉄則。**投資や保険などは、いざ使いたいときに元本割れしている恐れもありますし、すぐ換金できないのもデメリットです。

十分な預貯金を持つことで、「何があっても大丈夫」「仕事を辞めてもなんとかなる」と揺るぎない自信と安心を持てます。リスクへの備えだけでなく、独立や留学

などにチャレンジしたいときに、背中を押してくれる支えにもなるのです。

貯蓄の安心が、前に進む力になります

22 年金をいくらもらえるか知っていますか？

ToDo

□ 受け取れる年金を調べる

老後に対する漠然とした不安は、誰しもが抱えています。2019年に実施した日経WOMANのアンケートでは、全体（有効回答数462人）の85％もの人が、老後のお金に不安を感じていました。貯蓄が1000万円以上ある人でも、7割近くが「老後に不安を感じている」と答えたのです。

では、老後に不安がない人はどのような人なのか。これについて、同アンケートで非常に面白い結果が出ました。それは、**次の3つの「お金」を具体的に把握して**

いる人は、老後に対する不安が低いことが分かったのです。

1つ目は、**「1年間に使う生活費」**。p.73で紹介した、年間生活コストですね。2つ目は、**「過去1年の資産の増減」**。こちらも、先に述べた総資産の定期的なチェックに該当します。そして3つ目が、**「ねんきん定期便の内容」**。つまり、将来受け取れる年金の把握です。やはり、支出や貯蓄、そして収入の全体像をつかむことが、不安解消に大きく貢献することが分かります。

「知らない」は、不安を生むだけ

「ねんきん定期便」は毎年、誕生月に郵便で届きます。50歳未満と、50歳以上とで記載内容が異なり、実際の受給額に近い金額が分かるのは、50歳以上。50歳未満のねんきん定期便に記載されているのは、これまでの加入実績に応じた見込み額なので、今後の働き方次第で大きく変化します。

そこで活用したいのが、「ねんきんネット」です。**「ねんきんネット」では、この**

先の働き方など条件を設定して、65歳から受け取れる年金の見込み額をシミュレーションできます。

例えば、「65歳まで働き続けたら?」「月収が上がったら?」「フリーランスに転向したら?」など、さまざまなケースを想定して将来の年金額を見積もることができます。

もちろん、あくまでも概算ですが、おおよそでも老後生活の基本的な収入を見通せるメリットは大きいもの。今のペースの貯蓄額でよいか、何歳まで働くか、実際の見込みに即したプランを立てられ、漠然とした不安から解放されます。

なお、ねんきんネットを使うには、利用登録が必要です。利用登録には、「ねんきん定期便」に記載されているアクセスキー、もしくは日本年金機構のサイトから「ユーザＩＤ」の発行を申し込む必要があります。

老後の資金計画を具体的に考えられます

第3章

仕組み化する

安定した家計の流れをキープします

お金の管理は、一生続きます。やる気があるときはきちんとできても、忙しくなったら放置……では意味がないので、予算管理や貯蓄の方法は、できるだけラクに続く形で仕組み化しましょう。

毎月手間をかけずに管理することで、自分に余力を保て、使いすぎやムダな出費の振り返りに集中できます。

本章では、家計を効率良く管理する仕組みづくりのポイントを紹介します。

23

お金の出口は、いくつありますか？

ToDo

□ 使う口座を2つに絞る

仕組み化のスタートは、口座の整理から始めます。給料が入った後のお金の流れは、基本的に3つしかありません。「使う」「貯める」「増やす」です。この目的に合わせて口座を整理すると、お金の流れがごちゃごちゃせず、口座だけでお金の管理ができます。

最初に整えたいのは、「使う口座」です。お金の出口を絞り、毎月同じ流れでやりくりができるように、仕組み化しましょう。

口座を整理すれば、やりくりがあっという間に整う

使う口座は、2種類用意します。第2章で見える化した**「毎月の生活費」用と、「特別出費用」です。**口座を分けることで、それぞれの予算の入り口と出口が明確になります。その口座の出入金明細や、口座とひもづけたクレジットカードの明細を見れば、「何にいくら使ったか」内訳も分かるので、管理がラク。家計簿代わりにすることも可能です。早速、整え方をご紹介しましょう。

❶ 使う口座A（毎月の生活費用）

家賃や水道・光熱費など毎月かかる固定費や、生活費に使うクレジットカードの引き落としを、この口座に設定。現金を引き出して使う場合も、すべてこの口座からにします。毎月、1カ月分の予算を入金するようにすれば、残高をチェックするだけで使いすぎていないか確認できます。多少、オーバーする月があることも考えて、常に4万～5万円ほど余裕を持って入れておけば安心です。

❷ 使う口座B（特別出費用）

旅行や車検代など、臨時の出費に使う予算を入れます。ボーナスから取り分けるか、毎月の収入から積み立てて入れていきましょう。**クレジットカードを複数持っている場合は、生活費用と特別出費用に用途を分けて、特別出費用の引き落としをこの口座に設定すると、管理がラクになります。**「急な出費はここから」と覚えておけば、貯蓄を崩すことなく乗り切れ、毎月のやりくりにも影響が出ません。

お金を引き落としたり、引き出したりする口座が3つ以上あると、お金の移動も大変になり、キャッシュカードやパスワードなどの管理の手間も増えます。「使う」口座の数は2つに絞り、お金の出口を少なくすることが、家計を整えるポイントです。

お金の出口が絞られ、家計管理がラクになります

24

思わずニッコリしてしまう口座がありますか？

ToDo

□ 貯めっぱなしの口座を作る

貯める口座は、使う口座とはしっかり分けます。**貯める口座は、基本的に「預け入れ」だけで、目標額が貯まるまで引き出しはしないのがルール。**収入が入ったら、毎月一定金額を先取りして入金してしまうのがベストです。

ただ、自分で入金するのは手間がかかって面倒。「雨が降っているから」「今月は苦しいから」などと言い訳して、続かなくなることもあります。先取りは手をかけずにお金を動かし、「自動的に貯まる」仕組みを確立させましょう。次のような手段があります。

勝手に貯まる仕組みが最強

●会社の財形貯蓄を使う

会社に財形貯蓄の制度があれば、給与から天引きで貯められるので最も確実。下ろしにくいのもメリットです。

●銀行の「自動積立定期預金」を使う

毎月2万円など、自分で決めた定額を自動的に定期預金にして積み立てる仕組みです。期間は自由に設定でき目標を立てやすいのが利点ですが、解約が簡単なのがネック。窓口でないとお金を出金できないようにするなど、下ろしにくい環境をつくりましょう。

●給与振り込みで分ける

給与の振込先を複数指定できる場合は、1つを「貯める口座」にする手もあります。毎月貯めたい金額分をその「貯める口座」のほうに振り込むように指定して、そこからはお金を引き出さないルールにします。

●ネット銀行の自動入金サービスを使う

多くのネット銀行には、指定した口座から毎月同じ金額を自動入金できるサービスがあります。これなら、毎月2万円などの一定額を給与口座からネット銀行へ自動的に移動することが可能。手数料もかからず、先取り貯蓄にうってつけです。

先取りして下ろさない仕組みをつくれば、何もしなくても勝手に貯まり始めます。毎月増える右肩上がりの貯蓄額を見ることで、モチベーションもアップ。50万円、100万円などキリのいい金額を達成したら、まとめて定期預金に移し、「マイホーム用」「お店の開業資金」などと目的別にしておけば、うっかり使ってしまうことを防げます。

お金が勝手に貯まり始めます

25

余ったら貯める、にしていませんか？

ToDo

□ 月1万円でも、先取りで貯める

確実に貯まる仕組みをつくるには、先取りが鉄則。なぜなら、先取りする仕組みさえ確立させれば、ほったらかしで貯められるだけでなく、貯まるスピードが後々アップするからです。

そのカラクリはこうです。**先取り貯蓄が習慣化すると、「残ったお金」で暮らすことが当たり前になります。**やがて、「貯蓄はないもの」として暮らせるようになり、出費も一定のサイズで安定。これが定着すると、臨時収入があったときや収入

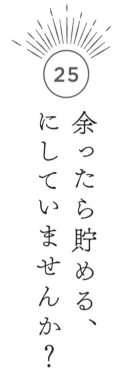

が増えたときも、「ないもの」と思ってその分を貯蓄に上乗せできます。**最初は月1万円など少額でも、先取りで貯める仕組みをつくることで、貯蓄を加速できる、**というわけです。

残し貯めでは、いつまでも貯まらない

もしこれが、残し貯めだったらどうでしょうか。残し貯めは「残ったら貯めよう」というスタンスなので、「使うのが先、貯めるのは後」。これでは、収入が上がっても、使うお金が増えるだけで、どれだけ残るか疑問です。毎月の貯蓄額も、先月は5万円貯められたけど、今月は1万円だった……などと、不安定になります。

お金はあれば、使ってしまいます。残ったら貯めよう、では貯まらないし、収入が増えても貯蓄に回りません。毎月、バラバラな貯蓄額では、マイホームや老後資金など、長期的なプランの見通しも立てられなくなってしまいます。

「先取りはキツい」「残し貯めのほうが頑張れる」という場合でも、最低限の金額

だけは「貯まる口座」に入れる仕組みをつくりましょう。最初は細い「柱」でも、形さえ確立させてしまえば、あとは太くしていけます。

残し貯めは、「貯まる口座」に毎月少額でも入れた上で、「使う口座」のなかで行うのが原則です。これなら、**確実に貯まる仕組みをキープしながら、プラスαを上乗せできます。**

貯蓄のペースがやがて、加速します

先取りする力がつくと、投資にも踏み出しやすくなります。ｉＤｅＣｏやつみたてＮＩＳＡ（p.158〜参照）は、10年、20年と長い期間、一定金額が引き落とされるので、「ないもの」と思って積み立てる必要があるからです。

より安定的にお金を貯め、増やしていくためにも、先取りに慣れておきましょう。

＼ マネしたい！ ／

「先取りで、キャリアアップの道が開けました」

30歳・介護・営業事務

「手取り月収19万円のうち、3万円を先取りで貯めています。ネット銀行に2万5000円、NISA口座に5000円。無理のない金額なので、確実に続けられます。〝手に職〟をつけて長く働きたいので、貯めたお金は理学療法士の資格取得のために使います！」

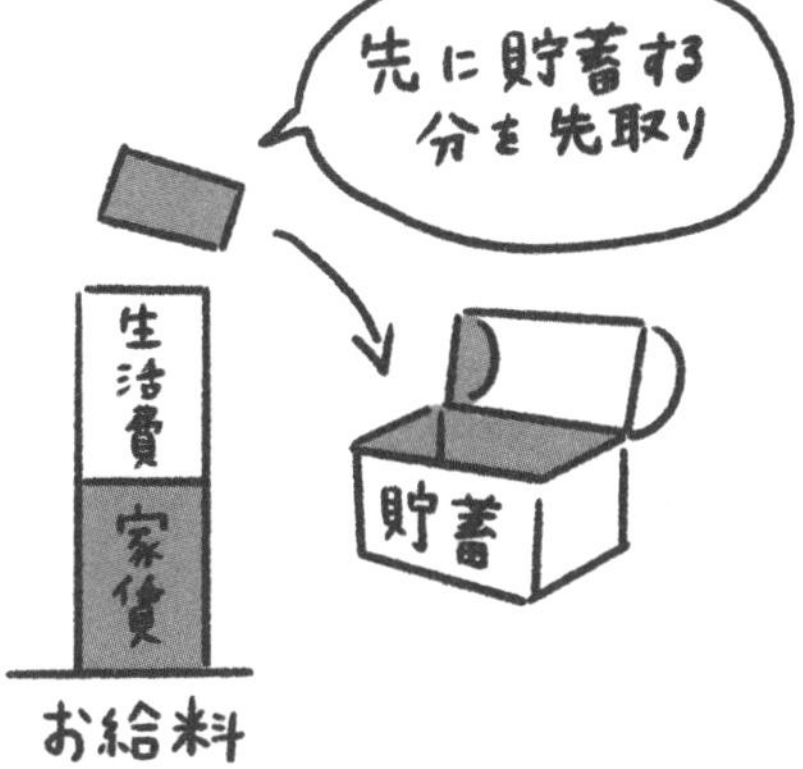

26 月に何回、お金を下ろしていますか？

ToDo

□ お金の流れを「毎月同じ」にする

「使う口座」と「貯まる口座」を作ったら、毎月のお金の流れをカチッと固めて仕組み化しましょう。給料が入ったら、貯まる口座と使う口座にお金を入金する。毎月同じ日に、決まった金額を下ろす。同じ費目で予算分けする。前月の出費を振り返る……。こうした一連のやりくりの流れをルーティン化するのです。

ポイントは、お金の流れを一方通行にすること。足りなくなったからと、別の口座から追加で下ろしたりしないようにします。

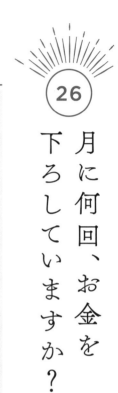

お金をちょこちょこ下ろすのは、やりくりが不安定な証拠

使う口座に入れたお金は基本的には「出るだけ」なので、出すタイミングを固定化するのがおすすめです。**お金を下ろすのは月1回、あるいは週に1回など頻度と金額を決め、そのなかでやりくりすれば、ペースを守りやすくなります。**貯まる口座は、下ろさないのが原則なので、入れたら基本的に触りません。

もし、どうしても苦しくなって「貯まる口座」のお金に手をつけてしまうようなら、先取りの金額が多すぎる（使える予算が少なすぎる）ということ。ムリのない生活費を確保できるように、一度、先取りの金額を下げましょう。

カツカツの予算で家計が不安定になると、余裕がなくなり、挫折する原因に。**最初はムリして貯めようとするより、家計の仕組み化を優先したほうが、貯蓄が安定して続き、成功します。**まずは、「貯める流れ」と「使う流れ」を確立させて、それから貯蓄額を増やせばいいのです。

計画通りに、着実に貯まります

＼マネしたい！／

「お金を下ろすのは月1回。あとは振り分けて終わり」

――30歳・金融・事務――

「28万円のお給料のうち、5万円は財形で貯蓄。引き落とし用に10万円を口座に残し、残りは全額下ろすのが毎月のルーティンです。下ろしたお金のなかから、結婚費用やプレゼント代などを取り分けたら、残りは基本的に使い切り。あれこれ頭を使わなくてもいいから気楽で、お金も貯まりっぱなしです！」

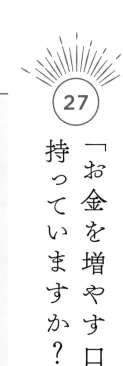

27 「お金を増やす口座」を持っていますか？

ToDo

□ ネット証券に口座を開く

超低金利の現在は、銀行にお金を預けてもほとんど増えません。節約にも限界があり、経済が回復する見込みがない間は、収入が上がる期待すら薄い。そんななかで、**お金を増やす選択肢として持ちたいのが、iDeCoやつみたてNISAのような「積み立て投資」です。**

積み立て投資とは、毎月定額で投資信託などの商品を買う投資法。投資と聞くと、「元本割れがこわい」と敬遠する人もいるかもしれませんが、投資信託は株など比べて、値動きも穏やか。商品にもよりますが、年平均3％ほどのリターンが期待できるものも多いのです。毎月一定額でコツコツ積み立て投資する方法を長期で続ければ、リスクをできるだけ抑えながらお金を増やせる可能性が高まります。

増やす仕組みは「ネット証券の口座」がお得

積み立て投資の代表的な制度である、ｉＤｅＣｏやつみたてＮＩＳＡについては第5章で紹介しますが、第一歩として進めておきたいのが、投資に必要な口座の開設。証券会社に口座を作っておきましょう。

口座開設は無料で、持っているだけなら入金する必要もありません。今すぐ投資を始めるわけではなくても、開設しておけば、いざやろうと思ったタイミングでスムーズにスタートできます。

「投資を始めるときに、開設すればいいのでは？」と思われるかもしれませんが、口座開設でつまずく人は、意外に多くいます。手続きそのものは簡単なのですが、どこの証券口座でもマイナンバーや本人確認などの書類の用意が必要で、「面倒だから、また今度……」となりやすいのです。時間のあるときに口座を開設しておく

貯蓄が増えたら「お金を増やす口座」を作ろう

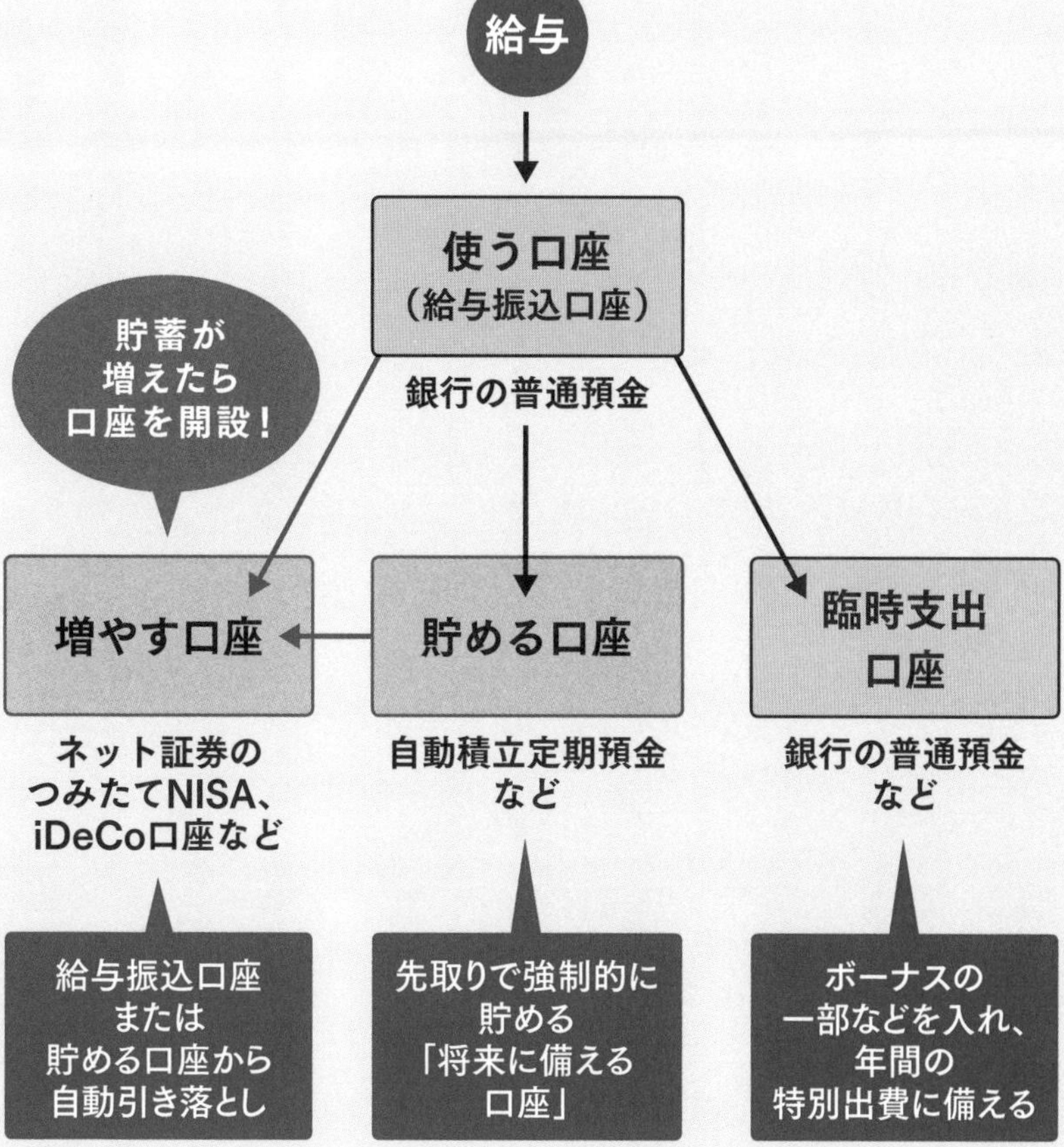

ことで、最初の一歩でつまずかずに済みます。やる気がしぼむ前に、スタートできるのです。

銀行でもiDeCoやつみたてNISAの口座を作ることは可能ですが、投資用の口座はできるだけネット証券に作るのがおすすめです。

ネット証券は取引の際の手数料が安く、商品のラインアップも充実しているからです。**特にiDeCoを始める場合、毎月かかる「運営管理手数料」は金融機関によって異なるので、できるだけ安いところを選びたいもの。**大手ネット証券の「楽天証券」「SBI証券」「マネックス証券」などは、この手数料が無料なので（その他にかかる手数料は若干あります）、運用で得た利益を減らさずに済みます。

「ネットは対面での窓口がなく、サポートが心配」という声もありますが、電話での問い合わせ窓口はあり、困ったときは親切に対応してもらえます。

口座の開設は、各証券会社のサイトから口座開設を申し込み、必要書類を送るだけ。口座のIDとパスワードが届いてログインすれば、「増やす口座」の完成です。

使う口座、貯める口座、増やす口座を整理して、p.99のように一方通行で走るお金の流れをつくることができれば、お金が着実に貯まる仕組みが整います。

いつでも「お金を増やす仕組み」をスタートできます

ネット証券の
口座開設
だけ
やっておこう
どうやるの
かな?

28

「書くだけ」の家計簿にしていませんか？

ToDo

□ アプリで家計簿を自動化する

家計を正確に管理していくためには、なんらかの形で出費を記録する必要があります。いわゆる家計簿です。ですが、家計の記録は面倒な上に、生活上「必須」ではないため、やる気が冷めると空白になりがち。**大切なのは、記録することではなく、使った内容を振り返り、ブラッシュアップしていくこと**なのに、記録に疲れてしまっては、元も子もありません。ざっくりでもいいので、続けることを目指しましょう。

家計簿は苦手、あるいは何度トライしても挫折してしまっているのなら、いっそ家計簿アプリで記録を自動化させてはいかがでしょうか？

スマホを開くだけで、「あといくら」が分かる

スマホに家計簿アプリを入れ、カードや口座を連携させると、出費を自動で入力できます。現金で払った分は手で入力する必要がありますが、キャッシュレス化が進む今は、ほぼカードやスマホ決済という人も多いはず。家計簿アプリとは好相性です。使った金額を1円残らず記録でき、「食費」や「日用品」「外食」などの費目分けまで行ってくれます。自動家計簿を実現できる代表的なアプリには、

- マネーフォワードME
- 家計簿Zaim
- Moneytree

などがあります。自分が使っているクレジットカードや銀行口座に対応している

アプリを選ぶ必要がありますが、一度連携を設定すれば、少なくとも記録が面倒で続かなくなる心配はありません。集計も自動なので、「今月いくら使ったか」「あといくら使えるか」も、アプリを開くだけで確認できます。**予算意識が高まる上に、使ったお金が忠実に記録されるため、嫌でも支出のムダと向き合うことができるのもメリットです。**

1点、自動家計簿のデメリットは、記録がラクなために、つけていること自体を忘れてしまいがちなこと。毎日1回は必ず見る、週末は自動で費目分けされた出費内容を整理するなど、家計簿タイムを決めるようにしましょう。

「家計簿疲れ」をせず、振り返りに注力できます

29 スマホ決済で、今月いくら使いましたか？

ToDo

□ キャッシュレスは、種類を減らす

クレジットカードや○○ペイなどのスマホ決済は、ポイント還元が魅力です。クレジットカードで1%、ポイントカードとの合わせ技でさらにもう1%など、ポイントを駆使することで、同じ買い物でも現金で支払うより確実に得できます。

ただ、クレジットカードは後払いで引き落としが翌月。このため、お金の流れがややこしくなるのが欠点です。「今月は残業が多いから」などと、先の収入をあてにして使いすぎてしまうデメリットもあります。

お金の流れが複雑になると、ムダの温床になる

スマホ決済もチャージの仕方がそれぞれ違うため、種類を増やしすぎると、どれにいくら使ったかが不透明に。キャッシュレスは使用する種類が増えるほど管理が複雑になり、ムダな出費や使途不明金が増えてしまうのです。

とはいえ、現金だけで暮らすのも、今の世の中は何かと不便。感染症対策の観点でも、ＩＣチップやバーコードを用いた非接触型のキャッシュレス決済が推奨されています。**お得や便利は享受して、管理を甘くしないためには、種類を増やさないのが一番。**メインのキャッシュレス決済手段を1つか2つに絞れば、お金の流れも管理しやすく、ポイントも効率良く貯まります。

毎月の生活費用のクレジットカードを1枚決め、固定費も変動費もそれで払えば、明細がそのまま家計簿になり便利です。引き落とし口座を「毎月の生活費」の口座に設定すれば、管理も簡単。先に紹介したように、家計簿アプリと連携させた

り、クレジットカードの専用アプリを入れたりすれば、「今月、いくら使ったか」の確認もスムーズ。現金と同じように、予算のペースを見ながら使えます。

いくらキャッシュレスがお得でも、使うお金が予算オーバーしては本末転倒。安定したやりくりを守るためにも、自分が管理できる数に絞って使うようにしましょう。

お金の流れがシンプルになり、使途不明金を減らせます

＼マネしたい！／

「クレカ1枚をとことん使い倒してます」

―― 32歳・金融機関・事務 ――

「完全キャッシュレスで、現金は持ち歩きません。買い物で使うクレカは、駅ビルでの支払いでポイントが貯まるＪＲＥカード。服もコスメも全部駅ビルで買うのでポイントが効率良く貯まり、ポイントはＳｕｉｃａに還元すれば、どこでも使えてムダなし。利用明細があるので使途不明金がなくなり、家計簿が続かない私でも、カードを軸に家計を整えられました」

30 キャッシュレスで、使いすぎていませんか？

ToDo

□ プリペイドとデビットを賢く使う

クレジットカードやスマホ決済では、どうしても使いすぎてしまう。利用明細が届くと冷や汗が出る……という人は、**プリペイドカードやデビットカードを使うのがおすすめです。**どちらも、VISAやMastercard、JCBなど国際ブランドが付いたものが増え、クレジットカードが使えるお店ならほぼ利用可能。なのに、**支払いは後払いではなく、その都度。**現金感覚で使えるのがメリットです。

メリットは、使いすぎを防げるだけじゃない

プリペイドカードは、事前にカードにお金をチャージして使います。チャージした分しか使えないので、使いすぎる心配がありません。1週間分の予算、今月の食費予算など、**使っていい金額だけ入れておけば、残高を見ながら出費をコントロールでき、簡単に予算を管理できます。**

デビットカードは、チャージではなく、指定した口座から利用金額が即時、引き落とされる仕組み。食費や日用品代はデビットカードで決済し、毎月の生活費用の口座から引き落とすようにすれば、現金を下ろしに行く手間を省け、残高を見て予算管理ができます。

デビットカードもポイント還元があり、例えば「楽天銀行デビットカード」は、利用金額の1%がポイント還元され、クレカ並みの高還元率。ソニー銀行のデビットカード「ソニーバンクウォレット」は、通常の還元率は0・5%ですが、ソニー銀行での総資産残高300万円以上、または外貨預金や投資信託の積み立て額が月

3万円以上で、還元率1％にアップ。外貨デビットとしても使えるので、海外での利用にも便利です。

使いすぎの心配から、解放されます

＼マネしたい！／

「デパートのプリペイドはめちゃめちゃお得」

――45歳・社会福祉士――

「デパートの友の会に加入し、毎月積み立て。1年で1カ月分のボーナスがつくので、とってもお得です。お金は、専用のプリペイドカードに入金されるので、デパ地下の食材や贈答品の購入に活用。ボーナスがつく分、割引にならないハイブランドの商品もお得に買えてうれしい♪」

※カードの特典などの情報は、2020年9月時点のものです。詳細は、各社ホームページなどでご確認ください。

31
スマホ契約時のお客様番号、すぐ出せますか？

ToDo

□ **お金情報は1カ所で管理する**

「保険を見直したいのに証書がない」
「源泉徴収票がないので年収が分からず、ふるさと納税でお得に寄付できる金額をシミュレーションできない」
「スマホのお客様番号が分からなくて、問い合わせができない」

せっかくお金と向き合おうと思っても、書類やアイテムがそろわないばかりに、やる気を失ってしまうことはありませんか？

「あれどこだっけ？」をなくせば、ムダが減る

お金に関するものは、なるべく1カ所に集めて管理して、「あれどこだっけ？」をなくしましょう。管理のストレスはできるだけ取り除くのが、やりくりを安定させるコツです。

特に、給与明細や源泉徴収票、確定申告の控え、健康保険や年金関連、生命保険、スマホの契約書などは、いざというときサッと見つからないと困ります。ポケット式のクリアファイルにまとめたり、ファイルボックスに収納したりして、見やすく整理しておきましょう。**「ここを見ればお金関係の書類は全部ある」状態にすれば、安心です。**

1カ所にまとめておきたいものには、各種ＩＤとパスワードもあります。有料のアプリやコンテンツなどは、解約時にＩＤとパスワードを要求されることがほとんど。忘れてしまったり、契約時の書類がなかったりすると、手続きに手間取ります。

パスワードは再発行してもらえることが多いですが、IDや登録していたメールアドレスをうっかり忘れたり、書類を紛失していたりすると本人確認ができず、問い合わせすら難しくなったりするリスクも。不要なアプリやサービスなのに、解約がスムーズにできず、延々と課金されてしまうのは、お金を捨てるようなものです。

契約時に登録したIDとパスワード、お客様番号などは、さっと参照できるように、必ず控えておきましょう。**パスワードは一部を伏せ字にするなどして、1冊のノートにまとめておけば、「ここを見れば分かる」状態にでき、いざというときに安心。**

お金に関する「もの」は、意外に種類があり、あちらこちらに収納してしまうと、探すのが大変になります。1カ所管理で、ノンストレスなマネー環境をつくることは、思いのほか大事です。

お金のやりくりが、ノンストレスで続きます

32
「もしも」に、払いすぎていませんか？

ToDo

□ **貯蓄でカバーできるリスクは、保険に頼らない**

「もしも、病気になったら」「もしも、認知症になったら」と、「もしも」を考えすぎて保険を増やすと、保険料に月何万円も払うことに。万一のリスクのために暮らしを苦しくし、貯蓄が減って将来の選択肢を狭めてしまうのは、考えものです。

基本的に保険は、貯蓄ではカバーできないリスクに対して備えるもの。つまり、貯蓄でカバーできるリスクなら、保険は不要です。加入している保険を見直し、本当に備えるべきリスクかどうか、一度検討してみましょう。不要な保険は解約して貯蓄に回したほうが、万一の減収時などにも使え、家計の守りを強くできます。

医療費の大半は「公的な保障」でカバーできる

貯蓄でカバーできるリスクには、例えば病気の治療があります。**医療費は、健康保険に加入していれば、「高額療養費制度」が使えるからです。**これは、一定額以上の医療費は免除しますよ、という国の制度。大きな手術をして入院したとしても、一般的な収入であれば、月9万円ほどの負担で済みます（年収約370万～770万円の場合）。保険がきかない差額ベッド代や食事代などは自己負担となりますが、入院1日につき5000～1万円程度。10日間入院したとしても、全部で20万円ほどあれば足りるでしょう。

がんになった場合も、高額療養費制度が使えます。ただし、がんは治療が長引きやすいので、何カ月も高額な医療費の負担が続く場合があります。貯蓄だけでは不安な場合は、がん保険への加入を検討してもいいでしょう。その場合、「治療給付」を重視します。最近のがん治療は入院日数が短く、抗がん剤などの治療は通院で行うことが多数。つまり、「入院給付」はあまり役に立ちません。「月に1度でも治療を受けたら、まとまった給付がある」という保険のほうが実用的です。

独身時代や子どもが独立した後は、生命保険も原則不要です。多額の死亡保障は、自分が亡くなった後、生活に困る人がいる場合に加入するものだからです。加入するとしても、葬儀や遺品の整理費用を遺族が負担しなくて済むように、200万~300万円ほどの保障額で十分でしょう。

貯蓄でカバーできないリスクには、例えば、突発的な事故で人にケガをさせてしまい、相手に後遺症が残ってしまった……というものがあります。めったに起きることではありませんが、こうしたケースで補償が得られる「個人賠償責任保険」には入っておいたほうがいいでしょう。

また、病気やケガで働けなくなると、収入が途絶えることもあり得ますが、会社員であれば公的な保障として「傷病手当金」が出ます。自営業者やフリーランスはこれがもらえないので、働けなくなった際に給付金が出る「就業不能保険」は検討に値します。

それほどこわくない「もしも」はカットし、本当にこわい「もしも」には備える――。その場合もできるだけ安い保険にし、貯蓄の安心を増やすことを心がけましょう。保険は、気弱になっているときほど、頼りたくなるものです。体調や暮らしを整え、まずは前向きな自分でいることにも注力しましょう。

余計な不安で、貯蓄が減るのを防げます

33

月末になると、苦しくなっていませんか？

ToDo

□ノーマネーデーをつくる

やりくりが乱れそうなとき、軌道修正に役立つのが「ノーマネーデー」です。ノーマネーデーとは、お金を使わずに過ごす日のこと。買い物をせず、ランチは弁当や飲み物を持参して、お財布を開かずに過ごすのがルールです。

「月に10日はノーマネーデーをつくっています」
「毎週火曜と水曜はノーマネーデーです」

など、達人ほどノーマネーデーを愛用。「出費が減る効果が一番高い」「やりくりが安定した」とその効果を絶賛しています。

財布を開く回数を減らせば、出費は減る

ノーマネーデーを設定することで、やりくりにリセット効果が生まれるのも大きなメリットです。少しお金を使うペースが速くなっているときは、ノーマネーデーを挟むことでスローダウンできます。

買い足しをしないから、家にある食材の使い切りも進んで、ロスが減ります。さらに、買い物にかける時間も削減できるので、落ち着いてお金の使い方を振り返る余裕もつくれます。意識して取り入れることで、家計が大きく乱れる前に、いつものペースを取り戻せるのです。

せっかく貯まる仕組みをつくっても、支出のペースが暴走すると崩れてしまいます。ペース配分を調整するためにも、まずは週1日、ノーマネーデーをつくってみましょう。

使いすぎを防ぎ、気持ちもリセットできます

＼マネしたい！／

「月の半分をノーマネーデーにしたら、貯蓄が大幅にアップ！」

35歳・教育・事務

「ノーマネーデーが多い月ほど、支出が少ないことに気づき、買い物を見直し。ノーマネーデーを増やすには、予定や今ある在庫を確認する必要があるので、暮らしそのものが計画的になります。ムダ買いすることがなくなり、貯まるスピードがぐっと上がりました」

第4章

焦らない

余裕のある毎日が、
お金の乱れを防ぎます

時間や心に余裕をなくすと、ムダな出費が増えます。焦りは暮らしのリズムを乱し、暮らしの乱れはお金の乱れを招くからです。

安定したやりくりは、落ち着いてコントロールできる毎日があってこそ。忙しくても、自分自身に余裕を保ち、ブレないコンディションでいることが大切です。

本章では、お金が乱れない毎日をつくるための、小さな習慣を紹介します。

34 今日を全力で生きられますか？

ToDo

□ 自分の体に自信を持てる生活をする

忙しいからと食事をおろそかにしたり、睡眠不足が続いたりすると、体と心は一気にパワーダウン。体調が万全でないと、気持ちも後ろ向きになり、仕事にも全力で取り組めません。全力を出せない状態では、ここぞというチャンスもつかみ損ねるし、「どうせ私なんて」と自信を失うと、人を羨ましく思い、ストレスでお金の使い方も乱れます。やがて、目指したい暮らしからも遠のいてしまうのです。

体のメンテナンスが収入を左右する

どんなときでも、体が資本。気持ちを前向きに保つためにも、元気な体でいることが大事です。**元気に働ける体さえあれば、貯蓄が減っても挽回できますし、収入が減って困ったときは、ダブルワークだって可能です。**やる気に燃えるハートがあれば、何歳になっても新しいことに挑戦でき、自分を高められます。70歳、80歳になっても、丈夫な足腰があれば、働いてお小遣いを得ることもできるのです。

もちろん、誰しも病気やケガをすることはあります。ですが、食事や睡眠をおろそかにして、自分で自分の体を壊すのは避けたいもの。

たとえ何かをきっかけに生活を取り巻く状況が大きく変わっても、まずは3食をきちんと食べ、ちゃんと睡眠も取る。適度な運動を心がける。翌日に残るようなお酒の飲み方は避け、不調を感じたら無理はしない。健康診断もきちんと受ける。毎日、全力を出せる体でいることが、結果的に自分もお金も守ることにつながります。

明日をベストな自分で過ごせるように、今日の体を大切にしましょう。

元気に働ける体こそ、最強の財産です

＼マネしたい！／

味噌汁持参で体調を整え、副業との両立に成功！

38歳・金融・審査

「管理栄養士の資格を生かし、副業をスタート。本業と両立できているのは、体調管理に尽きると思います。毎日、スープジャーに入れた味噌汁を会社に持参するなど、食生活を見直したことで体も軽くなり、思い切り動けるようになりました」

35

朝、ゆとりを持って家を出ていますか？

ToDo

□ 30分の早起きでムダをなくす

朝の過ごし方は、お金に大きな影響を与えます。どういうことか、お寝坊さんと早起きさん、2人の事例でご紹介しましょう。

毎朝、ギリギリまで寝ているA子さん。今日も、猛ダッシュで家を出ました。が、駅に行く途中で雨。しぶしぶコンビニでビニール傘を買い、500円の出費です。結局電車に乗り遅れてしまい、タクシーに乗車。今度は2500円かかりました。バタバタして焦り、朝ごはんも食べていないので集中力が低下。確認漏れや

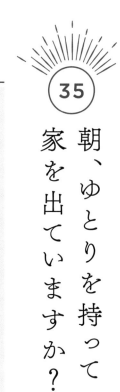

うっかりミスで、余計な仕事が増え、残業です。すっかり疲れてごはんを用意する気力が消え、夕食は外で取ることに。「今日は疲れた〜」とお酒も追加。4000円も使ってしまいました。帰宅するともう10時。洗濯をしてお風呂に入り、SNSを見ていたら、あっという間に午前様に。

今日使ったお金のチェックをする余裕はもちろんありません。毎月、月末になると「贅沢していないのに、なんでお金がないんだろう……」と、ぼやいています。

貯まる人は、「準備」をおろそかにしない

一方、朝は早起きするのが日課のB子さん。朝食もしっかり食べ、お弁当とマイボトルも毎日用意しています。朝食のついでに、夕食に使うお肉を冷凍庫から冷蔵庫へ移し、使う野菜はカットしました。今日の予定を確認して、忘れ物がないかチェック。雨が降りそうだったので、折り畳み傘をバッグに入れます。早めに家を出て、会社で今日の仕事の段取りを確認。効率良く1日が回り、仕事も定時でラクラク終了。7時には帰宅しました。

夕食は下ごしらえ済みの食材を炒めるだけ。調理がラクだから、平日の外食は皆無です。8時過ぎには片づけも終わり、洗濯や入浴、英語の勉強やドラマ観賞など、好きなことをしても、11時にはベッドに。十分な睡眠で疲れも取れ、お金の使い方を振り返る余裕も保てます。

1日に余裕が生まれ、お金の流れが整います

いかがでしょうか。ちょっと早く起きるか、起きないかだけで、お金や時間の使い方に差が出ます。**早起きして、持ち物をきちんと確認し、何事も先取りして準備することが、1日の余裕をつくり、余計なムダを出さないことにつながっていくのです。**つまらない焦りで、お金の流れを乱さないように、30分の早起きを心がけてみましょう。

36

帰宅時の散らかりに、がっかりしていませんか？

ToDo

□ **出かける前に、１カ所「面」を出す**

夜、疲れて帰ってきて玄関を開けたら、靴がごちゃごちゃ。テーブルの上はＤＭや書類がどっさり。床には通販の空き箱が散らかり、台所には洗い物の山……。これでは疲れも倍増し、ごはんを作る気力も起きなくなってしまいますね。

イライラするだけでなく、「家のことがちゃんとできない私」と負い目にもなります。自分にダメ出しし続けると、やりたいことに対しても「どうせ無理」と諦めがちになってしまうので、注意が必要です。

明日の自分に、ゆとりをプレゼント

余計なつまずきを感じないために、外出前に玄関のたたきや床の上は、なるべく片づけておきましょう。床、テーブル、洗面台、キッチン台の上など、**モノが置かれがちな場所は、少しでも「面」が出ていると見た目がスッキリし、帰宅したときホッとできます。**

まずは「キッチンの洗い物だけ」「テーブルの上だけ」など、どこか1カ所だけでも十分。**「ちゃんと片づいている」場所をつくることで、自分に自信が持てます。**

出かける前に片づける余裕がなければ、夜、寝る前の5分だけ使って片づけてみましょう。5分あれば、散らかったものはだいぶ片づきます。

いったんきれいな状態にしておけば、少し散らかしても、一手間で元通りにできるはず。サッと調理に入れるキッチンがあれば、自炊も長続き。外食や総菜に頼る頻度が低くなれば、食費を抑えることにもつながるのです。

暮らしのリズムを守るために、毎日の片づけは大きく貢献します。身の回りの環境をきれいな状態にできていることで、自分に自信が生まれ、お金はもちろん、日々の仕事や家事、人間関係に、丁寧に取り組もうと思えるのです。

小さなリセットで、毎日が気持ち良く流れるようにしておきましょう。

小さな自信が、お金の乱れを防ぎます

37 トイレットペーパー、今いくつありますか？

ToDo

□ **日用品は、気分と安さで買わない**

シャンプーや洗剤、トイレットペーパーなどの日用品は、気分や安さにつられて買わず、「一定量をキープ」することを目指しましょう。必要量を意識することで、特売などで「安いから」「腐らないから」と買いすぎるムダを減らせます。

ストックする量の目安は、1カ月買い物に行かなくても済むぐらい。このくらいあれば、災害などの非常時にも備蓄として機能します。一定量をキープし、使った分を定期的に補充するサイクルをつくれば、日用品を買いすぎて家計や収納スペースを圧迫することはありません。

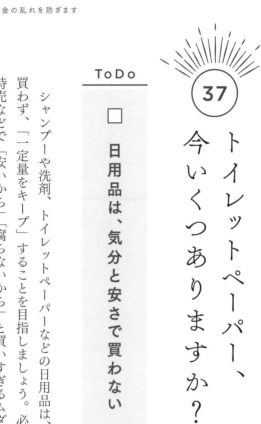

そのために、行いたいことは2つ。1つは、日用品の消費ペースを把握すること。もう1つは在庫の「見える化」です。

日用品の管理がやりくり力を高める

消費ペースは、使い始めの日付をパッケージに記入しておくと、何日ぐらい持つか分かります。ラップは月に1本、洗剤は2つ、シャンプーは1本半ぐらいなど、1カ月に必要な量の目安をつかみましょう。商品名や金額と一緒にリスト化しておくと便利です。

在庫の見える化は、補充すべき量を分かりやすくするのに役立ちます。ポイントは、収納スペースを区切り、見やすく並べること。あちこち分散させたり、日用品以外のものを混ぜて収納したりすると、確認が面倒になり、買い足すべき量を把握できません。**「洗剤はここに入るだけ」「シャンプーやボディソープの在庫はここ」と、収納場所は頭で覚えられる数に絞る。そのなかで管理するとラクです。**

月に1回か2回、在庫をチェックして、足りない部分だけ買い足します。こうすれば、出費はいつも最小限で済み、お店にちょこちょこ行かなくて済むので、ムダ買いするリスクも減。「必要なもの」を「必要な量」だけキープできます。

在庫を管理できるスキルが身に付けば、食材や服、靴、コスメ、タオルなども、「必要な量」を買えるようになります。ムダなく買うスキルをどんどん磨いていきましょう。

定量を保てば、出費はブレません

38 小さなタスクを後回しにしていませんか？

ToDo

□ **5分でできることリストを作る**

早起きの効果のところでも紹介した通り、焦りは余計な出費を生み、お金の使い方を雑にします。「時間がないから」「とりあえず安ければいいから」などと、心ない使い方で大事なお金をムダにしないためにも、**「やることに追われない日常」を守ることが大切。**そのために意識したいのが、すきま時間の有効活用です。

5分あったらできることを書き出してみましょう。「5分でできることなんてない」と思われるかもしれませんが、私たちの生活のほとんどは、細かいタスクで成り立っています。

書き出せば、手と頭、心に余裕を持てる

例えば、掃除や片づけもまとめてやろうと思うと大変ですが、「掃除機をかける」「洗面台を磨く」「トイレを掃除する」「出ているものをしまう」など、分解すれば1つずつは数分。「取れかけているボタンをつける」「引き出しを整理する」なども、10分もあればできるでしょう。

小さなタスクほど、つい「後でやろう」と思ってしまいます。でもそれが積み重なるから、まとまった時間が必要になり、頭のなかも「やらなきゃ」で焦ることになってしまうのです。

「5分でできることリスト」を作ったら、家の中の目につくところや、手帳などに貼っておきましょう。 洗濯機が回っている間、料理を煮込んでいる間、お風呂を沸かす間など、すきま時間に何か1つでも実行できるはずです。

すきま時間を使って、5分でできることを10個片づければ、後ろに50分の余裕をつくることができるはず。週末や、夕食後のまとまった時間をやりたいことに使えるようになるので、心が安定した暮らしにもつながっていくのです。

ゆとりを生み出せ、お金を落ち着いて使えます

＼ マネしたい！ ／

5分リストで目標に向かって前進！

『TOEICの試験で900点』『プログラミングスクールに通う』という目標がありながら、ついダラダラと先送りに。これではまた今年も何もしないで終わってしまうと、5分リストでやるべきことを書き出してみました。すると、大変だと思っていたスクールの入学準備も、小分けにすればすきま時間で十分可能。目標に向かって一歩前進です！

―― 38歳・ブロガー ――

「5分でできることリスト」を作ろう

■MONEY

- □財布を整理する
- □家計簿アプリをチェックする
- □クレジットカードの利用額を調べる
- □来月の特別出費を確認する
- □買い物メモを作る

■CLEAN

- □いらない写真データの削除
- □テーブルの上を何もない状態にする
- □フローリングワイパーで床掃除
- □シャンプー類の詰め替え
- □ソファのほこり取り
- □シンクを磨く
- □シーツの取り換え

■BEAUTY

- □フェイスパックをする
- □スクワット30回×3セット
- □爪をきれいに整える
- □角質ケアをする

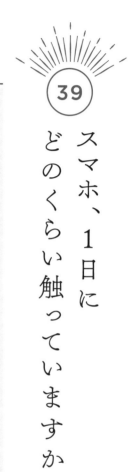

39 スマホ、1日にどのくらい触っていますか？

ToDo

□ デジタルオフの時間をつくる

焦りはムダのもと。ゆとりをなくさないために、気を付けたいのがスマホです。日経WOMANの読者アンケートによれば、「日ごろ、時間を割きすぎていると思うこと」のダントツ1位がスマホの閲覧でした。SNSやネットニュース、動画コンテンツなどを見始めると、時間はあっという間に奪われます。

スマホやパソコンをダラダラと見ている時間を減らせば、今ある時間をもっと有効に使えます。見る時間をタイマーでコントロールする、スリープモードを使って夜10時以降の通知は切るなど工夫して、スマホから意識して離れる時間をつくりましょう。

時間を奪われるきっかけになる情報も、こまめに削除を。使っていないアプリは消し、不要なメルマガは解約しましょう。

ダラダラ時間を減らせば、リズムが整う

デジタルオフで生まれた時間をやりたいことに使ったり、部屋を片づけたり、大切な人とのコミュニケーションのために使ったりすれば、気分もリフレッシュ。スマホを見るタイミングを、「移動時間だけ」「夕食後の1時間だけ」などと決めることで、暮らしのリズムが整う効果もあります。

少なくとも、他人のSNSを延々と見て心がざわざわしてしまう、なんとなくネットニュースを見続けてしまうなど、気づいたら「時間をムダにしたな～」と思ってしまうような習慣は改めること。心や生活リズムの乱れにつながりやすくなると自覚し、スパッと断ち切りましょう。

デジタルツールに振り回されるのではなく、こちらでコントロールする。その意識が、お金を自分の意思で動かす力にもつながっていきます。

時間の浪費が減り、体と心が軽くなります

40 夜、何時に寝ていますか？

ToDo

□ 夜に空白の時間をつくり、30分早く寝る

夜更かしは、多くのムダをつくります。まず、電気代。照明や冷暖房など、起きている間ずっとつけていれば、それだけ上がることに。起きていれば口寂しくもなるので、酒やつまみ、菓子代などもかさみます。疲れてぼんやりした頭でネットをうろうろすれば、物欲にもあっさり負け、衝動買いしてしまうことも。

早寝すると、こうしたムダを自動的にカットできます。疲れも取れやすくなり、元気に働ける体もキープ。いいリズムの毎日にシフトしていくのです。

今より30分、早く寝ることを目指し、帰宅後の生活を見直してみましょう。まずは夕食作りや片づけ、洗濯や明日の用意などのルーティンのうち、時短できるものを探してみます。夕食の準備などは、朝のうちに野菜を切っておくだけでも、かなりの時短が可能です。

疲れている夜は、やることを終えて、ホッとする「空白の時間」も必要です。**たった10分でもいいので、ストレッチをしたり、本を読んだり、音楽を聴いたり、瞑想したりと、好きなことをしてゆったり過ごしましょう。**ここは削らないようにしつつ、ダラダラといつまでも起きていないように気を付けること。

ほんの少しの前倒しでも、自分に余裕をつくることはできます。まずは30分の早寝早起きを目指していきましょう。

夜時間のムダが減り、翌日のリズムが整います

第5章

増やす

今あるお金で、
将来の自分の安心を育てます

毎月確実に貯まる仕組みを作り、それを維持できるようになったら、お金を「増やす」ことを考えていきましょう。

「お金を増やすなんて難しそう」「投資は元本割れがこわい」と、心配する気持ちが先に立つかもしれませんが、大丈夫。ポイントを理解すれば難しくなく、誰でも、自分に合った方法でお金を増やすことができます。

本章では、自分らしく将来の安心を増やしていく方法と、そのコツを解説します。

41

収入が減ったとき、家計をどうやって守りますか？

ToDo

□ 本業以外にプラスαの収入をつくってみる

社会状況の大きな変化によって、突然収入が減ったり、勤務先の業績悪化で解雇されたり…という経験をした人もいるかもしれません。今のところは大丈夫でも、今後いつ、そうしたことが自分の身に起きるか分からない。減収が大きい場合、節約で乗り切るにも、限界があります。

では、これからの家計はどのように守ればいいのか。その答えのひとつが、**「収入の複線化」**です。削るのではなく、収入を上げることで家計を強くする。月1万円でもプラスαの収入をつくることができれば、いざというときの大きな助けになります。本業とかぶらない業種なら、よりリスクヘッジが可能です。

在宅ワークが広がって通勤が減り、時間にゆとりができた人は、まさに副業をスタートするのに絶好の機会。休日を丸々アルバイトに使ったりしなくても、うまく時間を調整すれば、平日夜や休日のすきま時間を使って、お金を稼ぐ方法がたくさんあります。

例えば、「ココナラ」「クラウドワークス」「アナザーワークス」「ストアカ」などの、スキルシェアサービスと呼ばれるウェブサイトを介して、自分の得意なことで稼ぐのも手。わざわざホームページを自分で作ったり、集客を頑張ったりしなくてもいい時代になっているのです。

もちろん、アルバイトやパートで働く副業もありますが、できれば自分が好きなこと、得意なことで稼ぐことにトライを。軌道に乗った暁に、**個人事業主としてのキャリアをスタートすれば、仕事に定年はありません。**自分の腕で長く稼げる仕事があれば、今だけでなく、老後の収入を増やすこともできます。

幸い、副業を認める会社は増えており、働き方の多様化もますます進む時代です。本業以外の世界で働いてみることは刺激になり、視野も広がります。自分自身が成長することで、お金に対する考えも、一層深められるはずです。

家計の「守り」が強くなり、気持ちも前向きに

＼マネしたい！／

コロナ禍に、オンライン講師としてデビューしました！

26歳・保険・事務

「インスタで家計管理の情報を発信。コロナ禍をきっかけに、思い切ってフォロワーさん向けに、オンラインでプチセミナーを実施してみることに。受講料1人2000円に対し、全国から8人の参加があり、感激！　資材もスマホやパソコンだけででき、元手もかかりません。今後も開催していきます！」

※副業を始める前に、勤務先で副業が禁止されていないか、就業規則の確認を。

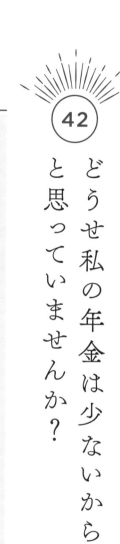

42 どうせ私の年金は少ないから…と思っていませんか？

ToDo

□ **年金を増やす道を考える**

老後対策というと、「貯蓄」や「投資」を思い浮かべる人が多いと思います。少しでも備えを増やすことは重要ですが、忘れてはならないのが老後の生活費の土台は「年金」だということ。**年金は、何歳まで生きようと一生受け取れる収入です。**これが多ければ、安心感は格段に高まり、貯蓄で用意する分も少なくて済みます。

そこで、まずは年金を増やすプランを考えてみることが老後対策の第一歩。「そんな方法、あるの？」と思われるかもしれませんが、あります。特に効果的なのが、年金の受給開始を65歳より遅らせる「繰り下げ受給」です。「どうせ、年金なんて少ないし」と決めつけず、検討してみましょう。

「繰り下げ受給」で年金を増やせる

「繰り下げ受給」では、受給開始の時期を1カ月遅らせる（繰り下げる）ごとに、受給額を0・7%ずつ増やすことができます。最大で70歳まで（2022年4月以降は75歳まで）繰り下げることができ、この場合の受給額は、なんと42%も増。つまり、**5年繰り下げれば、4割も年金を増やすことができるのです。**ちなみに、年金には「老齢基礎年金」と、厚生年金保険に加入していた会社員・公務員が受け取れる「老齢厚生年金」がありますが、どちらも繰り下げることが可能です。

総務省の家計調査（2019年）によれば、高齢単身無職世帯の社会保障給付（年金など）の平均額は、1カ月当たり11万5558円。仮に、65歳時点の受給額がこの金額だった場合、70歳まで繰り下げることで、16万4092円に増やすことができるということに。同じ家計調査によると、高齢単身無職世帯の1カ月の実支

年金の受け取りを遅らせるほど、もらえる金額が増える

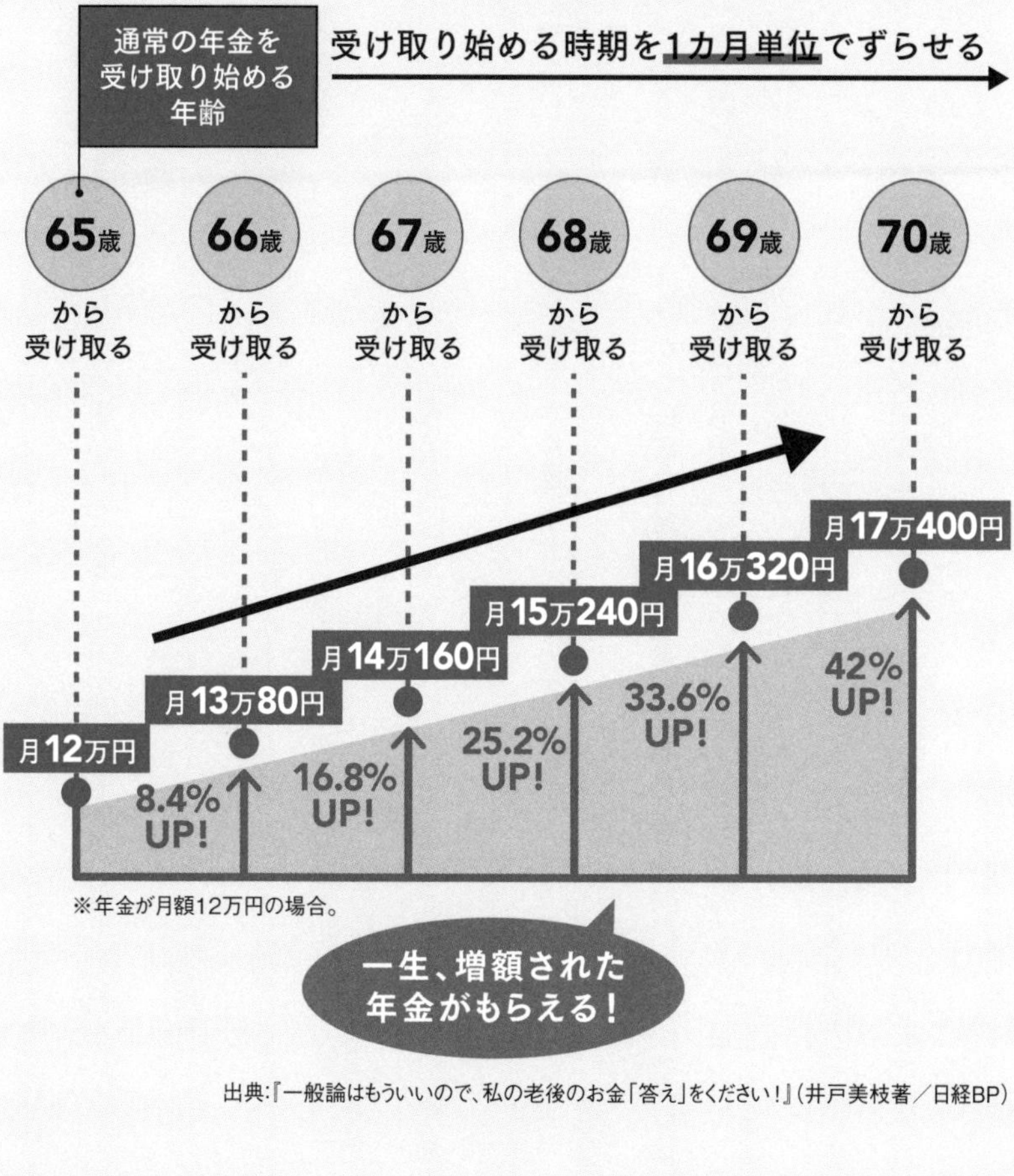

出典:『一般論はもういいので、私の老後のお金「答え」をください！』（井戸美枝著／日経BP）

出（社会保険料などを含む）の平均額は、15万1800円なので、70歳以降は年金だけで暮らしていける計算です。

もちろん、受け取れる年金額も、1カ月の生活費も個人で違います。増えるからといって必ずしも、70歳まで遅らせる必要もありません。繰り下げ受給は1カ月単位で調整できるので、p.79〜を参考に、自分の年金額を確認し、どのくらい遅らせれば、いくら増えるかチェックしてみましょう。

年金を何歳から、いくら受け取るかを検討することで、自分の老後資金対策の骨組みが見えてきます。

例えば、**65歳で退職し、70歳からの年金受給を考えた場合、5年間は収入が空白になってしまうので、老後資金は最低限、この間の生活費を用意することが目標になります。**仮に、1カ月の生活費を15万円とした場合、5年間では900万円。プラス、旅行などに使いたい予算や、住宅のリフォームなど必要な経費などを考えてみると、用意すべき金額のおおよその目安が見えてくるはずです。もし、備えが足りなそうなら、もう少し長く働くプランを考えたり、減らせる出費を考えたりなど、具体的な対策も検討できます。

なお、繰り下げ受給とは逆に、年金の受給開始を早める「繰り上げ受給」もあり、60歳まで繰り上げることができますが、１カ月繰り上げるごとに受給額は0・5％(２０２２年４月からは０・４％）減額されます。受給期間によっては、生涯で受け取れる受給総額が減る場合がありますし、何より、貯蓄が減ってくる人生の後半に、少なくなってしまった年金で暮らすのは心細いもの。長生き時代の繰り上げは、できるだけ避けるのが無難です。

こうした知識を踏まえて、まずは年金を確実に増やすことをベースに老後資金計画を立ててみましょう。目指すべきライフプランが見えてくれば、おのずとやるべきことも見えてきます。

老後の安心を底上げできます

43

投資はこわいもの、と思い込んでいませんか？

ToDo

□「投資信託」の仕組みを知っておく

お金を増やす方法に、「投資」があります。投資は預金と違い、元本保証がないため、「こわい」「知識がないと無理」と敬遠する人も多いのですが、「投資信託」であれば、値動きは比較的緩やかです。特に、長期でコツコツと積み立てで投資信託を購入する方法は、誰でもリスクを抑えながら資産を形成しやすい投資法として、世界的に知られています。

超低金利の今は、銀行にお金を預けるだけでは、お金を増やすことはできません。お金を増やしたい、投資をしてみたいと思ったなら、まずは投資信託の活用がおすすめです。

投資信託なら、リスクを分散できる

そもそも投資信託（「投信」ともいいます）とは何かというと、金融商品の一種。日本で一般の個人投資家が買える商品は５０００本以上あります。商品は「ファンド」と呼ばれ、運用会社が、投資家から集めたお金を使って運用を行います。

投資信託には種類がいくつかありますが、共通しているのは、１つの商品のなかに複数の資産が入っているということ。資産には「株式」や「債券」「不動産投信＊」などがあり、それぞれ「先進国」や「新興国」「日本」など異なる市場が組み合わさったりします。

株式投資で１つの会社にだけ投資してしまうと、その会社の株価が下がった際、資産も大きく減ってしまいますが、**いくつもの資産が入っている投資信託の場合は、不調な資産があっても、他でカバーが可能。リスクを分散することができ、大きく損をすることが比較的少ないのです。**

よく、投資の心得として「卵を１つのカゴに盛るな」という例えが使われます

＊投資信託に組み入れられるのは、不動産そのものではなく、REIT（不動産投資信託）という金融商品。不動産の賃料収入や売買益などから得られる利益を投資家に分配するもの。

が、これは資産を1つに集中させず、いくつかに分けて投資（分散投資といいます）しなさい、という意味。投資信託は、まさにこれをかなえる商品なのです。

投資信託の値段は「基準価額」といい、取引を行う際の単位は、「口数《くちすう》」で数えます。株式の場合、価格は刻々と変動しますが、投資信託の基準価額は、1日に1回しか変わりません。1日中パソコンの前で、価格の上下に一喜一憂する必要はないのです。

投資信託は少額から購入できるのも魅力です。株式投資では、ある程度まとまった資金が必要ですが、**投資信託であれば金融機関によっては月100円から積み立て購入することも可能。** 家計のゆとりに合わせて金額を調整できるのは、安心材料ですね。

投資信託を購入する際に確認しておきたいのは、手数料です。手数料には購入時にかかる「購入時手数料」や保有時にかかる「信託報酬（運用管理費用ともいいます）」などがありますが、特に気を付けたいのは「信託報酬」です。これは、別途支払うわけではなく、利益があってもなくても、保有額に応じて日々引かれます。つまり、**保有している間はずっとかかり続けるので、この信託報酬ができるだけ低い商品を選ぶのがポイントです。**

手数料の安い、インデックスファンドがおすすめ

手数料を抑えるに当たって覚えておきたいのが、「インデックスファンド」と呼ばれる投資信託のカテゴリーです。

少し難しくなりますが、「インデックスファンド」の「インデックス」とは、「日経平均株価」や「ダウ工業株30種平均」のような指数のこと。こうした指数は日々変動しますが、その変動に合わせた運用成果を目指す投資信託の商品を、「インデックスファンド」といいます。指数の値動きと連動するように構成銘柄や組み入れ比率を設定しており、運用成果が上がるように銘柄を吟味する必要がないため、手数料が安く抑えられているのです。

インデックスファンドと対になるのが、「アクティブファンド」です。これは、

ファンドマネジャーと呼ばれる運用のプロたちがその手腕を振るい、指数以上の成績を目指す商品（約束するものではありません）。そのため、手数料はインデックスファンドよりも高くなります。

投資信託を最初に買うなら、インデックスファンドのなかで信託報酬の安いものを選んでおけば、値動きが分かりやすいので安心です。詳しい選び方については、のちほど解説します。

きちんと理解すれば、お金を増やすツールになります

投資信託の運用タイプには「インデックス」と「アクティブ」がある

初心者におすすめ

インデックス運用

……目標とする指数
━インデックス型

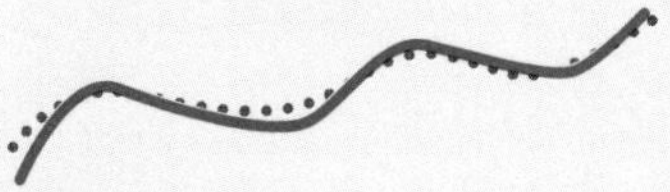

目標とする指数と
同じ動きを目指す

手数料:安い

日経平均株価など、
特定の「指数」に
連動

アクティブ運用

……目標とする指数
━アクティブ型

目標とする指数を
上回ることも下回ることもある

手数料:高い

運用のプロが、
さまざまな商品から
選んで運用

44 iDeCo（個人型確定拠出年金）を使っていますか？

ToDo

□ 老後資金は、まずiDeCoで積み立てる

少しでも老後資金を増やすには、できるだけ早く積み立てを開始するのが鉄則。その際、使いたいのが「iDeCo（個人型確定拠出年金）」です。

iDeCoは、老後資金づくりを目的として、国が用意した制度です。日本在住の20歳以上60歳未満（65歳までに引き上げられる予定）の人なら原則、誰でも加入できます。毎月、一定額を「掛け金」として特定の金融商品（投資信託、定期預金、保険の3種類から選択）を購入し、積み立てていく仕組みです。

iDeCoがなぜ、通常の貯蓄や投資よりもおすすめなのかは、主に次の2点のお得ポイントがあるからです。

❶ 1年間で支払った掛け金の総額が、その年の「所得」から引かれるので、所得にかかる税金が安くなる

❷ 運用で得られた「利益」に税金がかからない

まず、❶の「税金が安くなる」仕組みについて見ていきましょう。

会社員の場合、毎月の給料から所得税と住民税を払っていますが、その年の最終的な税額は、「年末調整」か「確定申告」で決定します。税金は、所得に応じて変わるので、所得から一定金額を控除（差し引くこと）できれば、その所得にかかっていた税金も減り、払いすぎていた部分が戻ってくる仕組みです。

iDeCoは掛け金が全額、所得控除の対象となるので、仮に月1万円をiDeCoで積み立てた場合、額面年収300万円なら年間約1万8000円、500万円なら約2万4000円も税金を減らせて、取り戻すことができます。将来の備えをつくりながら、手元のお金も増やしていけるので、非常にお得です。

次に、❷の「運用で得られた利益に税金がかからない」について見ていきます。通常は、投資信託の利益や預金の利息に対して、約20%の税金がかかります。5万円の利益が出ても1万円を税金で取られてしまうのです。一方、iDeCoの制度のなかでは非課税なので、5万円を丸ごと受け取れます。老後資金づくりは長い年月をかけて運用するので、もし、利益が大きく増えた場合、このメリットのおかげで圧倒的に得できる、というわけです。

iDeCoで運用する商品は何を選ぶべき？

iDeCoで積み立てできる商品には、投資信託、定期貯金、保険の3種類があります。このうち、積み立てたお金が減るリスクがない「元本確保型」の商品が、定期預金と保険（貯蓄型のもの）。一方、元本が確保されないのが、投資信託です。

元本確保型の定期預金と保険は、積み立てたお金が減ることがない代わりに、大

iDeCoの所得控除効果

月1万円を積み立てた場合、年間で“税金が安くなる”額

年収（額面）	所得税・住民税の減額
300万円	約1万8000円
400万円	約1万8000円
500万円	約2万4000円
600万円	約2万4000円
700万円	約3万6000円
800万円	約3万6000円

※iDeCoナビの「税控除を確認する」で試算。

2022年から iDeCoがより使いやすく

① 加入可能期間が延長（会社員の場合60歳→65歳まで）

② 受け取り開始可能期間が5年拡大（上限が70歳→75歳に）

③ 勤務先に企業型確定拠出年金（企業型DC）がある場合のiDeCo加入が現実的に

- ただし65歳まで加入可能となるのは会社員、公務員。フリーランスは60歳以降に任意で国民年金に加入している場合のみ。
- 受け取り開始時期は、現行では60～70歳の間から選択するが、この上限年齢が70歳から75歳に引き上げられる。

きく増やすことはできません。超低金利の現在、iDeCoで選べる定期預金の金利は年0・002〜0・05%程度で、保険商品の保証利率も同程度です。

一方、**投資信託は、市況によって基準価額が変動する商品なので、基準価額が上がると、それに連動して大きく増やせる可能性があります。**しかし、基準価額が下がったときは、一時的に「元本割れ」することもあるのです。元本割れとは、自分が保有する金融商品の総資産の「評価額（時価）」が、支払った金額の総額よりも下がってしまうことです。商品内容や市況によっては年5%、10%などと大きく増やせる場合もある一方で、減ってしまうリスクもあるのが、投資信託です。

ただし、**「積み立て」という方法ならば、こうしたリスクを減らすことができます。**積み立ては、毎月一定額で商品を買い足していくので、商品の基準価額が下がったときは、同じ金額でも購入できる「口数」が増加。逆に基準価額が上がったときは、購入する口数は少なくなるので、高値づかみのリスクが自動的に減。お得なときにはたくさん買い、割高なときは少なく買う。これを繰り返すことで1口当たりの平均購入金額が徐々に下がるため、元本割れのリスクも小さくなり、基準価

投資信託は一定額で「積み立て購入」すると、安いときにたくさん買える

投資信託の基準価額の値動き例と、月1万円で買える口数

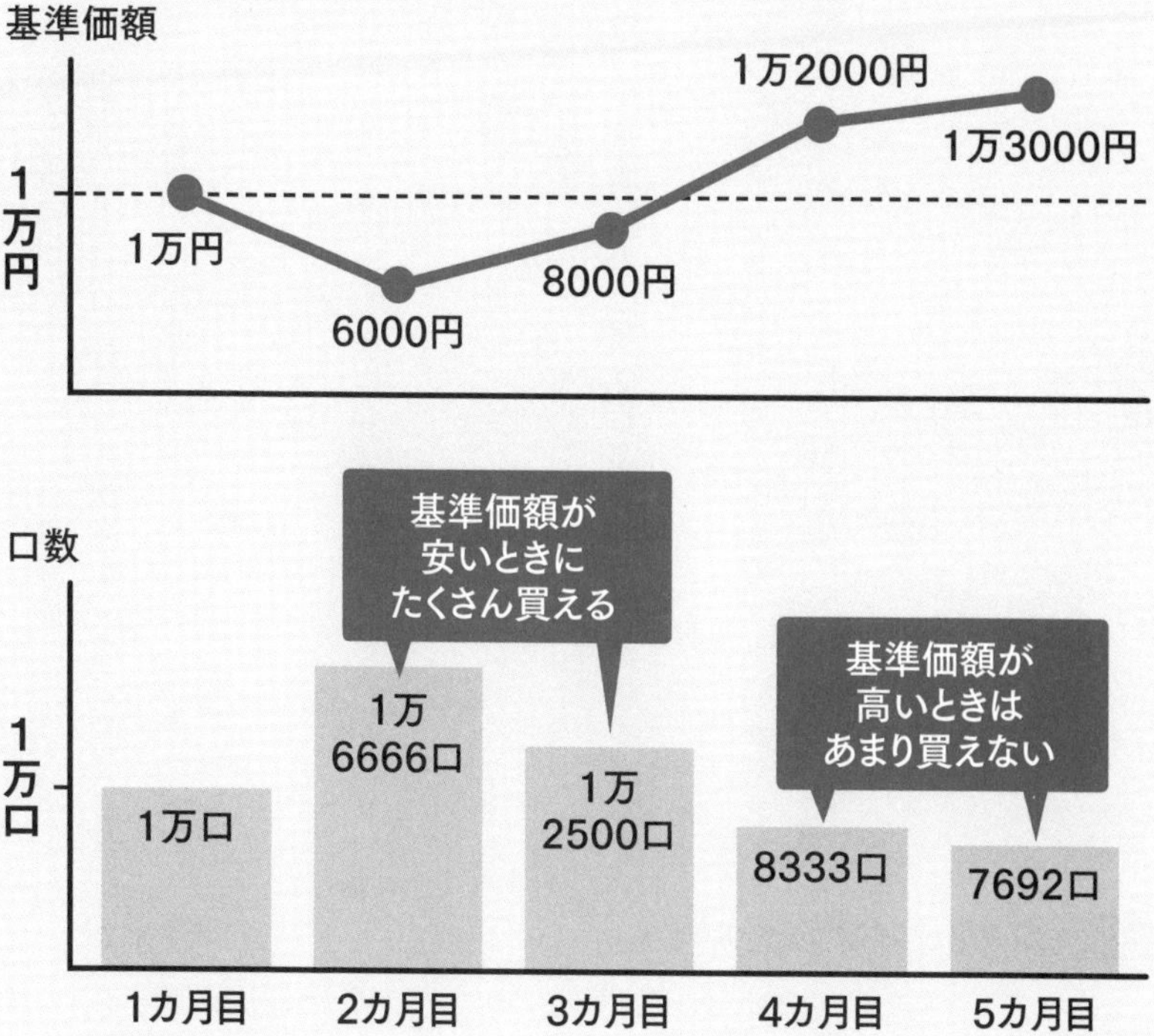

額の少しの上昇でも利益を生みやすい資産になります。過去のデータを見ても、10年、20年と長く続けていくことで、投じた総額に対して「評価額」が大きく成長する可能性が高まる投資法なのです。

大きく増やせる可能性があるのは投資信託ですが、「それでもやっぱり、積み立てたお金が減ってしまうことがあるのは怖い」ということなら、iDeCoで運用する商品は、定期預金を選ぶといいでしょう。❶のポイントでお伝えした通り、毎月の掛け金が所得から控除されるので、その分、税金が安くなります。**iDeCoを使わずに、普通に銀行で定期預金に預けるよりも、確実にお得です。**

もし、途中で「やっぱり投資信託にしてみようかな」と気が変わったら、商品の変更はいつでも可能です。また、ある程度利益が出たら一部を定期預金にして取っておく、という使い方もできます。

iDeCoで積み立てたお金は、60歳まで引き出せない

iDeCoで唯一、気を付けなければならないのは、60歳までは積み立てたお金の引き出しができないことです。ただ、これも老後資金という目的を考えれば、むしろ手を付けずに済むので安心ともいえるでしょう。iDeCoで積み立てられる金額には上限があります（p.173参照）が、60歳までは引き出しができないことを理解して、掛け金は自分の限度額の範囲内で無理のない金額に設定しましょう。

iDeCoはあくまでも老後資金。60歳までに使いたいお金は、iDeCo以外の方法で積み立てるのが賢明です。iDeCo同様に、運用で得た利益に税金がかからない「つみたてNISA」（p.174～参照）などの活用を検討しましょう。

iDeCoで運用したお金は、原則、60歳から70歳（2022年からは75歳に延長）の間に受け取りの手続きをします。受け取り方は「一時金（一括で受け取る）」「年金」「一括と年金の併用」の3パターンから選択可能です。

自身の定年後のプランを考え、iDeCoでつくった資産をどのように使うか見通しを立てておくと、将来、迷わなくて済みます。例えば、

- **退職金の代わりに受け取りたい↓60歳で一括で受け取る**
- **65歳まで働くつもり↓受け取りは65歳以降にする**
- **60歳で定年退職の予定↓iDeCoは60歳から年金形式で受け取って、公的年金が始まる65歳までのつなぎにする**

というように、公的年金の受給開始のタイミングや、いつまで働くかを考えて、イメージだけでも持っておくとよいでしょう。

一括であっても、年金であっても、iDeCoは受け取り時に税金の優遇があります。ただし、受け取り方によって税金に差が出るので、よくシミュレーションして決める必要があります。

一括で受け取る場合は、節税効果の大きい「退職所得控除」が使えます。退職所得控除を使うと、一定の金額までは非課税で受け取れるので、金額によっては全額

を非課税で受け取ることもできます。
ただし、会社の退職金があり、どちらも同じ年に一括で受け取る場合は、「収入金額」に合算されます。額によっては、税金の負担が大きくなることもあるので、注意が必要です。

年金で受け取る場合は、5年以上20年以下の間で設定します。年金の場合は、「公的年金等控除」が使え、65歳未満は年間60万円、65歳以上は110万円までは非課税です。ただし、公的年金等控除は、iDeCoだけでなく、老齢基礎年金や老齢厚生年金など公的年金との合算で使います。65歳から公的年金を受給する場合、iDeCoとの合算で110万円までなら非課税ですが、それ以上になると課税されるので、注意しましょう。また、年金の場合は給付のたびに400円前後の事務手数料がかかるほか、残高がある限り口座管理手数料も必要です。

一時金と年金を併用する場合は、どちらの控除も使えます。例えば、**退職所得控除を使い、非課税で受け取れる部分については一時金で受け取り、残った部分を年金で受け取れば、どちらの控除も生かせてお得です。**

このようにiDeCoは、受け取り時も税金の優遇がありますが、受け取り方で差が出るので、将来受け取る際には、よく検討して決めるようにしましょう。

金融機関でiDeCo専用口座を申し込む

iDeCoを始める際は、金融機関を通じて専用口座を開く必要があります。ここで気を付けたいのが、手数料です。iDeCoは積み立て期間中、「口座管理手数料」がかかるのですが、この金額は金融機関によって異なります。利益を減らさないためにも、できるだけ安いところを選ぶのが鉄則です。

SBI証券や楽天証券、マネックス証券などのネット証券や、イオン銀行であればコストは低め。すでに口座を開設していれば、iDeCoの口座を申し込むだけで、スムーズにスタートできます。口座を持っていない場合は、口座開設と同時に申し込むことも可能です。

慌てる必要はありませんが、始めるなら早いほうがお得。1カ月でも早く開始することで、その年の掛け金が多くなり、節税効果も高まるからです。始めよう、と思ったら「後で」にせず、まずは口座開設を申し込んでみましょう。

お得&確実に老後資金を確保できます

45

iDeCoでいくら積み立てられるか、知っていますか？

ToDo

□ 無理のない掛け金を考える

iDeCoの掛け金は、月5000円から。ただし、5000円以上ならいくらでもいいわけではなく、上限額があります。

上限額が高いのはフリーランスや自営業で働く人です。国民年金基金または国民年金付加保険料との合算で、月6万8000円まで積み立てできます。年間で81万6000円まで積み立てることができ、全額を所得から控除できるのですから、大きいですね。

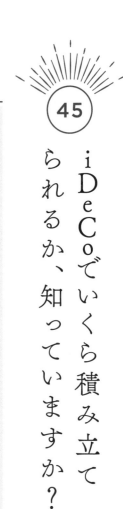

勤め先に企業年金がない会社員の場合は、月2万3000円が上限額です。上限まで積み立てた場合、掛け金は1年で27万6000円。**20年継続すれば、元本だけで552万円、30年なら828万円を積み立てることができます。**企業年金がある場合は月1万2000円が上限額です。自分がどれに該当するか分からない場合は、会社に確認しましょう。

上限の範囲内で、出しても困らない金額にする

ただし、繰り返しになりますが、iDeCoは積み立てたお金を60歳まで引き出せません。積み立てを頑張りすぎて手元が苦しくなり、買い物も高い金利のリボ払いなどに頼るなどしては、本末転倒です。

今、先取り貯蓄しているお金があるなら、まずはその金額の一部をiDeCoに回すことを考えましょう。これなら、家計に無理なく始められます。あるいは、固定費などを見直して月に数千円削れるようなら、そのお金を掛け金に追加するのもいいでしょう。

積み立て額は、途中で変更できます。老後も大切ですが、今の暮らしも大切です。一時的に収入が少なくなってしまったときなどは、無理せず減額し、心がすさんでしまうような生活には、しないようにしましょう。

老後資金づくりは、長距離マラソンのようなもの。その都度、自分に合った金額を精査し、ペース配分を調整しながら、完走を目指しましょう。

無理せず用意できる老後資金が見えてきます

働き方別
iDeCoの掛け金上限額

会社員	確定給付企業年金あり	1万2000円/月（14万4000円/年）
	企業型確定拠出年金のみあり	2万円/月（24万円/年）
	企業年金なし*1	2万3000円/月（27万6000円/年）
公務員		1万2000円/月（14万4000円/年）
自営業・フリーランス・学生など		6万8000円/月（81万6000円/年）
専業主婦（主夫）*2		2万3000円/月（27万6000円/年）

*1　企業年金とは、会社の退職給付制度の1つ。退職金を年金のように延べ払いで受け取れる仕組み。大きく分けると「確定給付企業年金」と「企業型確定拠出年金」がある。
*2　会社員や公務員に扶養されている配偶者。

46 かなえたい夢のための資産、増やしていますか？

ToDo

□「つみたてNISA」を賢く使う

「私の場合、iDeCoで積み立てられる掛け金は月1万2000円までと少ない。もう少し『運用』に回す金額を多くして、資産を積極的に増やしたい」といった場合は、「つみたてNISA」の制度も同時に使うことを検討しましょう。

つみたてNISAは、iDeCoと同じく、国が用意した資産運用の制度です。特徴は、

❶「投資信託」の積み立てに特化した制度であること

❷iDeCoと同様に、運用で得られた利益に税金がかからないこと

の2つです。

つみたてNISAは、老後までに使いたい資金づくりに使う

iDeCoと異なり、**つみたてNISAは、いつでも好きなときに引き出しができるというメリットがあります。**口座管理手数料なども かからず、金融機関によっては1回100円から積み立てが可能。気軽で、自由度の高い制度です。

一方、**iDeCoは運用で利益が出るかどうかに関係なく、掛け金が全額、所得から控除されるので、節税効果としては、つみたてNISAよりもiDeCoのほうが上です。**老後資金を積み立てるなら、まずはよりお得に運用できるiDeCoをメインにし、サブにつみたてNISAを使うプランを検討しましょう。

つみたてNISAで運用できるのは最長20年。積み立てられる上限金額は、年間

40万円までなので、最大800万円を非課税で運用できます。

途中の引き出しが可能なので、老後資金以外の目的でももちろん使えます。「いつか、世界中を旅したい」「子どもの留学費用をつくりたい」など、10年以上先の目標であれば、資産を増やせる可能性は十分。ワクワクする気持ちを持てると、積み立ても前向きに頑張れます。

つみたてNISAは、iDeCoと同じく金融機関で専用口座を申し込みます。購入できる商品は、金融機関によって異なりますが、どれも金融庁の厳しい審査をパスした商品のみ。手数料が安く、長期の分散投資（地域や資産を分散して価格変動リスクを抑える投資）に適した商品ばかりなので、初心者にも安心です。

より強くしなやかな資産形成ができます

ココが違う！ iDeCoとつみたてNISA

	iDeCo	つみたてNISA
目的	老後資金づくり	投資信託を使った資産づくり
積立上限額	年14万4000円～81万6000円 ※職種や加入している年金により異なる	年40万円まで
利用できる年齢	原則20歳以上、60歳未満 ※2022年5月以降は65歳まで（一定の条件あり） NEW!	20歳以上
使える商品	投資信託、預貯金など	投資信託（ETF含む）のみ
最低積立金額	月5000円～	1回100円～ ※金融機関により異なる
お金の引き出し	60歳になるまでできない	いつでもできる
利用時にかかる費用	口座管理料　171円～/月 受取手数料　385円～/回 ※契約する金融機関による	基本的になし ※契約先によって振込手数料がかかるケースあり
税金の優遇	・積み立て時、掛け金の所得控除 ・運用益は非課税（受け取り終了まで） ・受取時に退職所得控除などが適用される	・運用益は非課税（最長20年）

47

自分が取れるリスク、考えたことありますか？

ToDo

□「預金」と「投資信託」を組み合わせて積み立てる

投資信託の場合、国内に5000種類以上の商品がありますが、iDeCoとつみたてNISAで運用できる商品は、「長期の資産形成に向いている」ものが厳選されています。それでも、金融機関によっては30～40種ほどラインアップされており、何を選べばいいか分からないという人も多いでしょう。

そんな人に向けて、老後資金のつくり方に詳しい経済コラムニストでオフィス・リベルタス代表の大江英樹さんがおすすめするのが、**「預金」と「投資信託」を組**

み合わせる方法。2つの資産で金額の配分を考え、「投資」は「世界の株に一度に投資できる投資信託」1本に絞る、という方法です。

安全資産である「預金」と、投資資産である「世界株インデックス投信」の2つを組み合わせて配分を考えることで、リスクを自由にコントロールできます。

世界株インデックス投信とは、いくつかある投資信託の商品カテゴリーの1つ（代表的な商品名はp.183参照）。**世界中の株式を、その国や市場規模に合った比率で構成して運用するもので、これ1つで世界中の株を丸ごと買ったのと同じような運用ができます。**世界全体に「分散投資」をすることになるので、どこかが値下がりしても他でカバーでき、投信自体の値下がりリスクを低減できる。手数料も安く、長期の積み立てにはイチオシです。

ただし、世界株インデックス投信の中身はあくまで株式。元本保証はなく、これ1つでは値動きが大きくなってしまうので、これに「預金」を組み合わせて、値動きの幅を調整する、というわけです。

世界株インデックス投信を多く配分すれば値動きの幅は拡大し、預金を多く配分すれば、値動きの幅は縮小。割合によって、どのくらいの値動きになるかは過去のデータから導き出されています。

「例えば、『預金1割&世界株インデックス投信9割』で20年間積み立てた場合、期待リターンは4・1%、リスクは16・9%となります。

期待リターンとは、過去の値動きの平均データから導き出した予測値。リスクは、それが上下にどのくらいブレるかを示すものです。つまり、この場合は最も値上がりすると年21%(4・1＋16・9)のプラス。最も値下がりした場合は、年12・8%のマイナス(4・1－16・9)になるということ。

逆に、『預金9割&世界株インデックス投信1割』にした場合、期待リターンは0・5%、リスクは0・2%です。ほとんどブレないので、大きくマイナスになる心配がない代わりに、大きく増やせる可能性も低い。リスクのブレを見て、自分が安心して投資できる配分を調整しましょう」(大江さん)

組み合わせ方次第で
自分に合う積み立て投資に

（期待リターンとリスクとは）

- **リターン** 過去のデータから期待できる運用成果
- **リスク** 期待リターンが上下にブレる可能性の範囲

預金

iDeCoの積み立て対象として選択可能（つみたてNISAでは使えない）。金利はほぼゼロだが、掛け金に応じた所得控除は受けられる。

＋

世界株インデックス投信

全世界の株式指数との連動を目指すインデックス投信。長期の積み立てにイチオシ。つみたてNISA、iDeCoとも多くの金融機関で扱う。

積み立て配分			期待リターンとリスク	
			積立期間20年	積立期間30年
積極投資！	預金 1割 ＋ 世界株インデックス投信 9割	リターン	4.1%	5.3%
		リスク	16.9%	16.2%
貯蓄＋投資は半々！	預金 5割 ＋ 世界株インデックス投信 5割	リターン	2.3%	3.0%
		リスク	9.4%	9.0%
貯蓄重視で！	預金 9割 ＋ 世界株インデックス投信 1割	リターン	0.5%	0.6%
		リスク	0.2%	0.2%

積極投資！

貯蓄＋投資は半々！

貯蓄重視で！

※NPO法人インデックス投資協会サイトよりオフィス・リベルタス作成。世界株インデックスは、MSCI オール・カントリー・ワールド・インデックス（ACWI）、数字は円ベースへの換算、配当金込み。

例えば、毎月の積み立て額が2万円で、預金と世界株インデックス投信を5割ずつの配分にするなら、それぞれに1万円ずつ積み立てればOK。**配分は、資産全体でバランスが取れていればよいので、iDeCoのなかで、預金と世界株インデックス投信を組み合わせて買ってもよいし、iDeCoでは預金を、つみたてNISAでは世界株インデックス投信を積み立てる、という方法もありです。**

その時々で自分に合った割合に変えていく

iDeCoでもつみたてNISAでも、長期で運用することが大前提です。多少でもリスクを取ってお金を大きく増やせる方法を取るか、リスクは最小限にした着実な方法を取るか、その中間を取るか。長く続けていくために、自分が精神的に安心できるスタイルを選びましょう。

自分の収入が安定していて、貯蓄もしっかりあるときは、高めのリスクでも心が揺らぎません。逆に、収入が不安定で貯蓄も少ないといった場合、リスクは取りに

つみたてNISAとiDeCoで使える世界株インデックス投信の例

商品名	eMAXIS Slim 全世界株式（除く日本）	楽天・全世界株式インデックス・ファンド
コスト（運用管理費用）	0.1144%	0.212%
純資産総額	268.7億円	505.7億円
特徴	日本を除く全世界の株式に投資し、MSCI ACWI（配当込み、円換算ベース）に連動を目指す	主に米バンガード社のトータル・ワールド・ストックETFに投資
代表的な取り扱い金融機関	三菱UFJ銀行、楽天証券、SBI証券、マネックス証券	楽天証券、SBI証券、マネックス証券

商品名	三井住友・DCつみたてNISA・全海外株インデックスファンド	SBI・全世界株式インデックス・ファンド
コスト（運用管理費用）	0.275%	0.1102%
純資産総額	334.2億円	96.6億円
特徴	主として日本を除く全世界の株式に投資し、MSCI ACWI（除く日本、配当込み、円換算ベース）に連動を目指す	全世界の株式市場の動きを捉えることを目指して、FTSEグローバル・オールキャップ・インデックス（円換算ベース）に連動を目指す
代表的な取り扱い金融機関	三井住友銀行、SBI証券、楽天証券、マネックス証券	SBI証券、マネックス証券、楽天証券

※データは2020年10月4日現在、コスト（運用管理費用）は税込み。

くいもの。人生のさまざまなフェーズで、取れるリスクも変わってくるはずなので、その時々に応じて、貯蓄と投資の配分を変えるといいでしょう。

安心して投資を続けられます

48 投資の効果について、知っていますか?

ToDo

□ 資産の増え方について知っておく

毎月、2万~3万円ずつをiDeCoやつみたてNISAで積み立てた場合、将来の資産はどのくらい増えるのか、気になりますよね。目安を知っておくと、資産形成の計画だけでなく、将来の使い方を考える上でも参考になります。

先ほどご紹介した「預金」と「世界株インデックス投信」を組み合わせる方法で、20年後、30年後にどのくらい資産が増える可能性があるか、引き続き大江英樹さんに解説していただきます。

月２万円の積み立て×30年で、２３００万円以上に⁉

「毎月２万円ずつ積み立てると、20年で元本は４８０万円。30年で７２０万円です。これをもし、積み立てる金額の１割を世界株インデックス投信にした場合、過去のデータからシミュレーションすると、30年で９０７万円に成長することが期待できます。５割の場合は１６３２万円、９割なら２３５６万円です。

月３万円ずつ、30年間積み立てる場合は、世界株インデックス投信が１割でも、１３６１万円になることが期待できます。

例えば、35歳シングルで、勤務先に企業年金のない会社員が、ｉＤｅＣｏに２万３０００円、つみたてＮＩＳＡに７０００円、合わせて３万円を毎月積み立てたとします。配分を世界株インデックス投信９割、預金１割にした場合、65歳までの30年で試算すると、３５３４万円になることが期待できます。45歳からスタートして20年の場合でも、１７１４万円になると試算でき、65歳で１０００万円のゴールが十分見えてきます。目標を上回る部分は、老後の介護や医療費として考えれ

積み立て投資でいくらになる?

つみたてNISA＋iDeCoで「月2万円積み立て」の場合

積立期間30年　元本720万円

積み立て配分	いくらになる?
預金1割＋世界株インデックス投信9割	2356万円
預金5割＋世界株インデックス投信5割	1632万円
預金9割＋世界株インデックス投信1割	907万円

積立期間20年　元本480万円

積み立て配分	いくらになる?
預金1割＋世界株インデックス投信9割	1143万円
預金5割＋世界株インデックス投信5割	851万円
預金9割＋世界株インデックス投信1割	559万円

つみたてNISA＋iDeCoで「月3万円積み立て」の場合

積立期間30年　元本1080万円

積み立て配分	いくらになる?
預金1割＋世界株インデックス投信9割	3534万円
預金5割＋世界株インデックス投信5割	2447万円
預金9割＋世界株インデックス投信1割	1361万円

積立期間20年　元本720万円

積み立て配分	いくらになる?
預金1割＋世界株インデックス投信9割	1714万円
預金5割＋世界株インデックス投信5割	1277万円
預金9割＋世界株インデックス投信1割	839万円

※オフィス・リベルタスが作成。世界株インデックスは、MSCIオール・カントリー・ワールド・インデックス（ACWI）、手数料・税金は考慮せず。「いくらになる?」は過去のデータ（例えば「30年積み立て」の場合は1988年12月〜2018年10月）を参考にした試算。将来の投資成果は、運用期間のマーケット環境により変動する。

ば、より安心を高められるでしょう」

資産づくりの目標プランが見えてきます

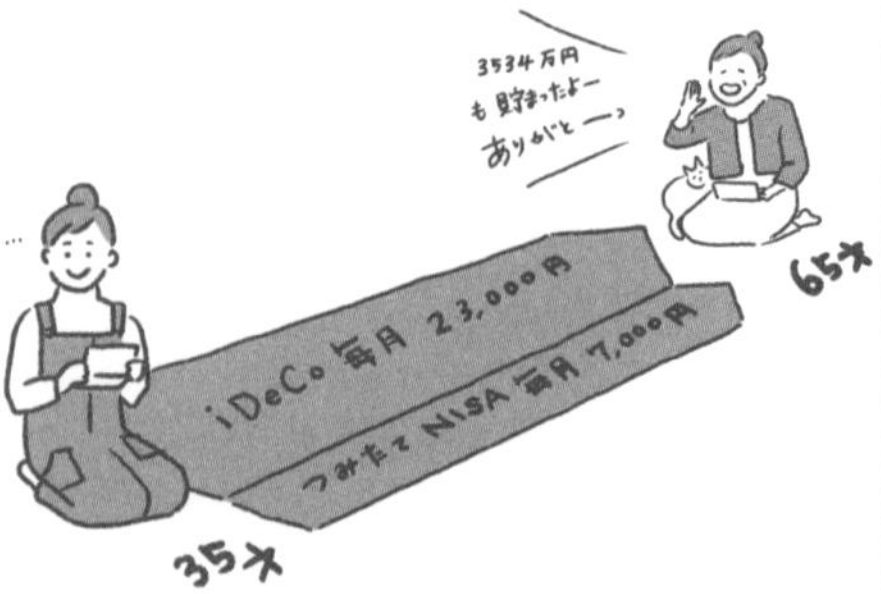

49 ズボラな人と、マメな人。投資に強いのはどっち？

ToDo

□ 投資を始めたら、ほったらかす

iDeCoやつみたてNISAは、定額を積み立てる制度。最初に、購入する商品と積み立てる金額さえ決めてしまえば、あとはひたすら続けるだけです。途中で金額や商品を変えることも可能ですが、基本的には手間なくラクに続けられるのがメリット。忙しくても自動で継続してくれるので、「増やす」仕組みとして取り入れるのに、ピッタリです。

投資信託の場合、長く積み立てている間には、相場が一時的に下がって元本割れする局面も出てくるかもしれませんが、そこで逃げずに長期間積み立てることで、運用成果が出てくることは、過去のデータを見ても明らかです。**あまり頻繁にチェックすると、評価額の上下に一喜一憂してしまうので、むしろ「ほったらかし」で続けるのが一番。**投資のことなど、普段は忘れているぐらいでちょうどいいのです。

投資のことで悩んでも、お金が増えるわけではないし、相場を変えられるわけでもありません。その時間を、やりたいことや、人生を充実させることに使っていくほうが、よほど大切です。

iDeCoやつみたてNISAで行う投資は、長期で続けることが前提。株式投資などのように、短期的な売買で利益を狙うのではなく、20年後、30年後に収穫する果実を育てていくような投資法です。目先の評価額の変化は気にせず、ブレない投資を貫きましょう。

投資のことで、悩みません

50

いざというときに頼れる人は、何人いますか?

ToDo

□ **人や社会のためにお金と時間を使う**

人生で本当に困ったとき、心がつらいとき、飛んできて支えてくれる誰かがいることは、大きな財産です。貯蓄が少なくても、楽しいおしゃべりができ、お互いに助け合える相手がいれば、それほど不安も感じないはず。反対に、貯蓄がいくらあっても、いざというときに頼れる人がいないのは、心もとないでしょう。

人の信頼はお金で買うことはできないし、一方的に寄りかかるだけでも得られません。人の絆を深めるためにはまず、**自分自身が精神的に自立し、誰かにとっての**

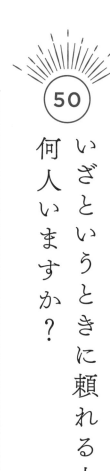

「頼れる人」になること。そして、人のために「お金」や「時間」を使うことです。

困っている仲間がいたら相談に乗る。お祝い事やお礼はケチケチしない。約束は守り、嘘は言わない。できないことは断り、困ったときは頼る勇気も持つ。

人を大切にし、人からも大切にされていると感じることができれば、前向きな気持ちに。**ピンチが訪れても、「なんとかなる」「やればできる」と、乗り越える力にもつながってくるはずです。**

将来を豊かにするという意味では、何かを買うとき、好きなお店や企業を応援する気持ちで選ぶのも、これからの時代に取り入れたいお金の使い方です。

例えば、「クラウドファンディング」で実現してほしいプロジェクトを支援したり、「ふるさと納税」で応援したい地域に寄付したり、苦境に立たされているお店に足を運んだり。世の中を元気にするために使うお金は、豊かな未来へとつながり、巡り巡って自分に返ってきます。

江戸時代に商人道を説いた石田梅岩《ばいがん》は、「自他と利他の両方を大切にするのが、あるべき商人の姿。自分の利益を追求しながら、助けを必要としている人にも手を差し伸べれば、共存共栄ができる」ことを教えています。助け合う心が、世の中を良くするのだと江戸時代から語られているのです。

幸せな未来のために、周囲の人や社会に貢献する気持ちを持ち続けましょう。

お金では買えない財産を増やせます

51

5年後の自分、想像していますか？

ToDo

□ 将来の自分を幸せにするための時間とお金を増やす

将来の幸せを増やすために、自己投資することは大切。ただし、「とりあえず英語」のように、漠然と努力するだけでは、自分が欲しい結果にはつながりません。「5年後はこんな自分になっていたい」「10年後はこんなふうに仕事をしていたい」など、まずは幸せな将来のビジョンを描いてみましょう。

そこに向かって時間とお金を使うことこそが、自己投資の本質です。

欲しい結果につなげるためには、**日々のなかに、「将来の自分を幸せにするための視点」を持ち続けること**が大切です。

その視点を持つことで、自分は本当はどう生きたいのか、根本的な部分を見つめ続けることができます。

それは、本書で紹介してきた、「お金と暮らしを自分らしく整える」土台であり、他人や情報に振り回されずに生きるパワーの源です。

忙しく、目の前のタスクばかりに追われる毎日では、なかなかそうした自己投資の時間を持つことはできません。将来を豊かにしていくためには、第4章で紹介したように、1日5分でも部屋を片づける、早寝早起きで余裕を保つなど、暮らしにいいリズムをつくることも重要です。

自分にゆとりをつくり、自己投資する習慣を持つことで、自分自身を高められるのはもちろん、時間とお金の使い方もぐんぐん磨かれます。

時代がどんなに揺らいでも、人生をしっかりと自分の足で歩いていけるよう、

「こうありたい将来」に向き合うお金と時間を増やしていきましょう。

自分の人生を、自信を持って歩いていけます

付録

お金と暮らしを整える チェックリスト

お金の使い方や暮らし方が雑になってしまうときは、
必ず原因があります。
自分の弱い部分を知りたい人、何から見直せば分からない人は、
この付録の質問をYESかNOでチェック。
NOが多いところが、今、乱れている部分です。
該当の章に戻って、TO DOを消化することで、
自分らしく「お金と暮らし」を強化できますよ!

CHECK 1

	YES	NO
「これさえあれば幸せ」なものがある	□	□
「これにはお金を使わない」と決めているものがある	□	□
買い物をするときは、口コミより直感を信じる	□	□
「なんでもいい」と思って何かを買うことはない	□	□
やってみたいことに使えるお金がある	□	□
必要なものは、すぐに取り出せる	□	□
身の回りには、定番で買っているものが多い	□	□

→ NOが3つ以上あれば、第1章のTO DOにトライ!

CHECK 2

	YES	NO
自分の年収と、総貯蓄額をすぐ言える	□	□
1カ月に使っている金額をざっくり言える	□	□
年間で必要な特別出費の金額をざっくり言える	□	□
ローン完済まで、あと何年か言える	□	□
家計に予備費がある	□	□
いざというとき、生活費に使える貯蓄がある	□	□
将来受け取れる年金がいくらかだいたい分かる	□	□

→ NOが3つ以上あれば、第2章のTO DOにトライ！

CHECK 3

	YES	NO
毎月かかる生活費は1つの口座から落ちるようにしている	□	□
貯めっぱなしの口座がある	□	□
先取り貯蓄をしている	□	□
ネット証券に口座がある	□	□
家計簿をつけている	□	□
使っているキャッシュレス決済は、全部で3種類以内だ	□	□
源泉徴収票の置き場所を決めている	□	□

→ NOが3つ以上あれば、第3章のTO DOにトライ！

CHECK 4

	YES	NO
食事や体のメンテナンスには気を配っている	□	□
早起きしている	□	□
家を片づいた状態にして出かけるようにしている	□	□
日用品の在庫がどれだけあるか、把握している	□	□
家事などの小さなタスクを、サクサクこなすほうだ	□	□
スマホから離れる時間を持っている	□	□
夜、ゆったりする時間がある	□	□

→ NOが3つ以上あれば、第4章のTO DOにトライ！

CHECK 5

	YES	NO
給料以外の収入がある	□	□
年金を増やす方法を知っている	□	□
iDeCoに加入している	□	□
つみたてNISAを使っている	□	□
自分が取れるリスクを考えて、投資をしている	□	□
自分や家族以外の誰かのために、お金を使っている	□	□
自分の将来を考える時間を持っている	□	□

→ NOが3つ以上あれば、第5章のTO DOにトライ！

編者　日経WOMAN

働く女性をターゲットに、1988年に創刊した女性誌。仕事にも私生活にも本当に役立つ情報を記者が直接取材し、執筆・掲載している。扱うテーマは時間管理、自分らしい働き方、資格、転職など仕事に役立つ内容から、マネー管理、片づけ術、美と健康、人生設計などのプライベートを充実させる内容まで多岐にわたる。「人生をより良くしたい」と考える働く女性たちから、絶大な支持を得ている。

ゆるっと
お金と暮らしを整える本

2020年10月26日　第1版第1刷発行
2020年12月24日　第1版第2刷発行

編者	日経WOMAN編集部
発行者	南浦淳之
発行	日経BP
発売	日経BPマーケティング 〒105-8308 東京都港区虎ノ門4-3-12
カバーデザイン	小口翔平＋大城ひかり(tobufune)
本文デザイン	阿部早紀子(tobufune)
イラスト	くぼあやこ
構成・文	大上ミカ(カクワーズ)
編集	藤川明日香(日経WOMAN編集部)
制作	増田真一
印刷・製本	図書印刷

ISBN978-4-296-10789-6